Regards
sur l'invisible

Omraam Mikhaël Aïvanhov

Regards
sur l'invisible

Collection Izvor
N° 228

ÉDITIONS PROSVETA

L'enseignement du Maître Omraam Mikhaël Aïvanhov étant strictement oral, cet ouvrage, consacré à un thème choisi, a été rédigé à partir de conférences improvisées.

I

LE VISIBLE ET L'INVISIBLE

S'il est si difficile de faire admettre aux humains la réalité d'un monde qu'ils ne voient pas, c'est qu'ils ne possèdent pas encore, pour l'observer ou le saisir, des organes aussi développés que ceux qui leur permettent d'entrer en contact avec le monde physique : le toucher, la vue, l'ouïe, l'odorat, le goût.

L'idée qu'il existe un autre monde peuplé d'innombrables êtres, invisibles mais aussi réels que ceux que l'on côtoie tous les jours, et dont certains sont plus évolués que l'homme, est quelque chose d'invraisemblable ou même d'insensé pour la plupart des gens. Tout ce qu'ils ne voient pas et que les instruments les plus perfectionnés utilisés par la science (microscopes, télescopes, etc.), ne peuvent pas détecter, cela n'existe pas. Eh bien, c'est un très mauvais raisonnement. Ce qu'il y a d'essentiel pour eux, leur propre vie, est-ce qu'ils la voient ?... Un homme est là étendu sur le sol ; il est visible, il est palpable, mais voilà, il est mort :

quelque chose d'invisible l'a quitté, ce quelque chose qui le faisait marcher, aimer, parler, penser. Et vous pouvez déposer à côté de lui toute la nourriture et tous les trésors du monde en lui disant : « C'est pour toi tout ça, mon vieux, réjouis-toi ! » rien à faire, il ne bouge pas. Alors, comment peut-on ensuite mettre en doute l'existence d'un monde invisible ?

Le monde visible ne serait rien s'il n'était pas animé, soutenu par le monde invisible. À l'origine du visible, il faut toujours chercher l'invisible. Si le monde existe pour vous, si vous pouvez voir le ciel, le soleil, la terre, c'est grâce à ce principe invisible en vous qui vous permet de les découvrir à travers des instruments visibles, qui sont vos yeux. Si ce principe invisible n'était pas là, vos yeux qui sont là ne vous serviraient à rien, vous n'y verriez pas. Le monde visible n'est que l'enveloppe du monde invisible sans lequel on ne pourrait rien connaître de tout ce qui existe autour de nous.[1]

Ceux qui refusent aussi catégoriquement l'existence du monde invisible prouvent tout simplement qu'ils ne réfléchissent pas. Car avec quoi sont-ils occupés jour et nuit ? Est-ce qu'ils voient leurs pensées, leurs sentiments ? Non. Alors, comment se fait-il que ces pensées et ces sentiments représentent pour eux une certitude absolue ? Celui qui est amoureux, doute-t-il de son amour ? Il ne voit pas son amour, il ne le touche pas, mais à cause de lui il est prêt à remuer ciel et terre. Et l'âme, et la conscience, qui les a vues ? Quand on dit : « En mon âme et conscience, je condamne cet homme », on décide du sort d'une personne au nom de quelque chose qu'on n'a jamais vu et dont on met même la réalité en doute : alors est-ce tellement raisonnable ?

Sans vouloir le reconnaître, les humains ne croient qu'à des choses invisibles, impalpables. Ils pensent, sentent, aiment, souffrent, pleurent, toujours pour des raisons invisibles, mais en même temps ils s'obstinent à prétendre qu'ils ne croient pas au monde invisible. Quelle contradiction ! Et combien de crimes sont commis simplement parce que des gens prennent tout ce qui leur passe par la tête pour la réalité. Un mari jaloux soupçonne sa femme de le tromper et, sans même avoir vérifié, il la tue. Un autre soupçonne un concurrent de méditer sa ruine, et voilà encore un mort.

Les gens ne mettent jamais en doute ce qu'ils pensent ou sentent, ils sont absolument convaincus que c'est la vérité. Quand vous leur exposez votre point de vue, ils disent : « Je vais voir… je vais étudier la question… je vais faire une enquête », mais pour ce qu'ils pensent et sentent, eux, il n'y a rien à étudier, c'est la seule réalité. D'un certain côté, ils ont raison : du moment qu'ils poussent des cris de joie ou de douleur, comment peuvent-ils douter de la réalité de ce qu'ils éprou-

vent ? Les réalités intérieures sont des réalités indis-
cutables. Ce sont même des entités vivantes et c'est
pourquoi les Initiés enseignent l'existence d'un
monde invisible, impalpable, qui est la seule réalité. D'ailleurs, ce monde dit « invisible » n'est pas
tellement invisible pour eux : il est visible, tangible,
palpable, parcouru de créatures, de courants, de
lumières, de couleurs, de formes, de parfums beaucoup plus réels que ceux du plan physique, et ils
le connaissent, ils l'étudient.

Oui, c'est une erreur de croire que les émotions,
les sentiments, les pensées, tout ce qui appartient
au monde psychique, spirituel, ne peut pas être étu-
dié avec précision. Tous les scientifiques qui ont
laissé de côté ce monde-là en pensant qu'il n'y a
pas d'appareils pour l'étudier se trompent : ces
appareils existent et ils sont encore plus justes et
véridiques que ceux qui mesurent les phénomènes
du plan physique. En chimie, en physique, on
admet toujours dans les mesures et les calculs une
marge d'erreur possible et presque inévitable. On
ne peut pas peser une substance à un électron près.
Tandis que dans la science du monde invisible,
même un électron est compté, pesé, calculé : il
règne là une précision absolue.

Oui, la vie, la vie intérieure, spirituelle, peut
être étudiée et avec plus d'exactitude encore que
le plan physique, mais à condition d'avoir développé ces instruments de précision absolue que sont

les organes spirituels. Tant qu'on ne les a pas développés, on n'a pas le droit de nier la réalité du
monde invisible. D'ailleurs, même ses cinq sens,
l'homme ne les a pas tellement développés.
Certains animaux voient, entendent, flairent, captent des manifestations que nous sommes incapables de percevoir : des odeurs, des ultra-sons,
certaines radiations lumineuses ou encore certains
signes annonciateurs d'orage, de tremblement de
terre, d'épidémie, etc.

La seule attitude raisonnable que peuvent donc
prendre les scientifiques, c'est de dire : « L'état de
nos connaissances ne nous permet pas de nous prononcer, nous devons encore étudier la question. »
Mais au lieu de cela, ils se prononcent et ils induisent l'humanité en erreur. Ils sont donc respon-
sables et un jour ils vont le payer très cher, car leur
responsabilité est enregistrée et le Ciel est implaca-
ble pour ceux qui trompent les humains. Tous
ces scientifiques qui se prennent pour la mesure et
le critère universels ne se rendent pas compte
qu'avec leurs propres limites, non seulement ils se
barrent la route, mais ils la barrent aussi à toute
l'humanité. Comment se fait-il que, lorsqu'un
explorateur est allé à l'autre bout du monde et
raconte qu'il a vu tel pays traversé par tel fleuve,
peuplé de tels habitants, on le croie, alors qu'on
refuse de croire tous ceux qui sont allés visiter
d'autres régions, des régions spirituelles et qui

reviennent raconter leur voyage ? Ces voyageurs pourraient mentir, et pourtant on les croit, mais lorsqu'il s'agit des explorateurs du monde invisible, alors là, on met systématiquement leurs paroles en doute.

Tous les Livres sacrés de toutes les religions mentionnent l'existence de créatures invisibles dont la présence n'est pas sans conséquences pour la vie et la destinée des humains. La religion chrétienne les a divisées en deux grandes catégories : les esprits de la lumière et les esprits des ténèbres, les anges et les démons. D'autres traditions ont davantage insisté sur les esprits de la nature qui habitent les quatre éléments. Je vous ai souvent parlé de toutes ces entités et particulièrement des Hiérarchies angéliques que mentionne la kabbale, reprise par la tradition chrétienne ; je n'y reviendrai donc pas.[2]

Moi je crois au monde invisible, je ne crois même qu'à cela : toute notre existence est régie, imprégnée par le monde invisible. Même nos sensations de bien-être et de joie, comme nos sensations de souffrance et de chagrin, sont liées à la présence de créatures invisibles que nous attirons par notre façon de vivre. Vous direz : « Nous ne les voyons pas, donc elles n'existent pas ». Écoutez, est-ce qu'on peut demander à un aveugle de se prononcer sur ce qu'il ne voit pas ? Si vous étiez clairvoyant, quand vous ressentez une grande joie, vous verriez une multitude d'êtres ailés accourir auprès de vous, chargés de présents de lumière, et ils chantent, ils dansent en laissant sur leur passage des traînées de couleurs chatoyantes et les parfums les plus délicieux. Et quand vous souffrez d'inquiétude ou d'angoisse, si vous étiez aussi clairvoyant, vous verriez des entités grimaçantes qui viennent vous tirer les cheveux, vous griffer, vous piquer. Ces entités, la tradition ésotérique les a appelées les indésirables : elles s'approchent des humains en disant : « Ah, cette bonne femme, ce bonhomme-là, ils nous intéressent ! Allons un peu leur faire des misères, ce sera amusant de voir comment ils crient et gesticulent. » Eh oui, voilà ce qui se passe quand vous êtes malheureux, tourmenté.

Évidemment, au vingtième siècle, les sommités intellectuelles et médicales ne peuvent pas admettre l'idée que des entités bienfaisantes ou malfaisantes visitent les humains pour les aider, les consoler, ou au contraire les tourmenter et les détruire. À leur avis, il s'agit d'éléments chimiques qui perturbent ou rétablissent le bon fonctionnement du psychisme. Eh bien, c'est vrai que ce sont des éléments chimiques, mais d'où viennent-ils ? Ces éléments chimiques sont la concrétisation de la présence d'esprits bienfaisants ou malfaisants attirés par l'homme lui-même. Si les humains, par leurs faiblesses, leurs transgressions, ouvrent la porte aux entités ténébreuses, elles entrent en eux et produisent des troubles que les psychologues, les psychanalystes appellent de toutes sortes de noms, mais qui en réalité ont une seule et unique origine : la présence d'indésirables attirés par notre façon défectueuse de vivre.[3]

Ces faits sont très bien expliqués dans tous les Livres sacrés et des clairvoyants les ont constatés. Mais tant que les humains n'auront pas développé ces facultés spirituelles qui permettent de connaître le monde invisible, tant qu'ils mettront en doute les connaissances de la Science initiatique, ils se formeront une philosophie basée uniquement sur les observations des cinq sens et les conclusions de cette philosophie seront obligatoirement erronées.

Pour éclairer cette question des indésirables, il suffit de voir ce qui se passe avec tous ces organismes microscopiques qui ne cessent de menacer et d'anéantir les humains. Qu'on les appelle microbes, virus, bacilles, bactéries, combien y a-t-il de temps que les biologistes ont réussi à les repérer grâce à leurs microscopes ? À peine un peu plus d'un siècle, c'est tout. Avant leur découverte, on prêtait aux maladies les causes les plus invraisemblables. Maintenant, on sait que les maladies ont pour cause toutes ces « bestioles » dont on n'a pas encore toujours très bien identifié la nature. Mais les résultats sont là : les maladies, la mort. Eh bien, ce qui se passe dans le plan physique se passe aussi dans les plans astral et mental et les résultats sont là aussi : l'angoisse, les tourments, les obsessions, la folie. Seulement, on n'a pas encore de microscopes assez perfectionnés pour pouvoir détecter ces virus des plans astral et mental.

Dans le domaine psychique, spirituel, les humains en sont encore comme à l'époque avant Pasteur : du moment qu'on ne voyait pas les microbes, on ne prenait aucune précaution contre eux. De même, comme on ne voit pas ces microbes du plan psychique que sont les indésirables, on ne prend non plus aucune précaution. Peut-être viendra-t-il bientôt un autre Pasteur avec de nouveaux instruments grâce auxquels on pourra voir les entités astrales qui ravagent les humains imprudents. Mais, en attendant, il est préférable d'admettre leur existence, et surtout d'apprendre à se protéger d'eux en menant une vie raisonnable et sensée.

Certains kabbalistes, qui étaient des clairvoyants, ont vu ces entités et ils les ont même nommées. Ces noms qu'ils ont donnés en tenant compte de la valeur numérique de chaque lettre, expriment exactement les caractéristiques de ces esprits. Je les connais, mais je ne veux pas vous les communiquer pour que vous n'ayez aucun contact avec eux. Il faut être très fort, posséder une aura puissante et savoir travailler avec la lumière, avec les couleurs, pour étudier ces entités sans danger. En tout cas, que vous y croyiez ou n'y croyiez pas, si vous n'êtes pas très vigilant, vous ne pourrez pas empêcher les indésirables de vous nuire. Pourquoi lit-on dans les Écritures des recommandations comme : « *Veillez et priez* », ou bien : « *Soyez vigilants parce que le diable, comme un lion qui rugit, est prêt à vous dévorer* » ?[4] Si les humains connaissaient la réalité des choses, ils ne seraient pas victimes de tant de troubles. Il faut donc revenir à nouveau vers cette sagesse délaissée, méprisée, pour transformer enfin son existence.

L'espace est peuplé de milliards d'entités malfaisantes qui ont juré la perte de l'humanité. Bien sûr, il est aussi peuplé de milliards d'entités lumineuses qui sont là pour l'aider et la protéger. Oui, mais leur aide et leur protection ne seront jamais absolument efficaces si l'homme lui-même ne fait rien pour marcher sur le bon chemin. Et aucun Maître non plus n'est capable de vous protéger si vous vous obstinez à mener une vie déraisonnable. Un Maître vous instruit, il vous éclaire, il essaie même de vous influencer par ses pensées et ses sentiments, mais si par votre insouciance, votre légèreté, ou même votre mauvaise volonté, vous détruisez tout son bon travail et ouvrez vos portes aux entités ténébreuses, que peut-il faire ?...

Celui qui veut véritablement avancer sur le chemin de l'évolution doit donc commencer par développer sa sensibilité au monde invisible. Mais ce ne sont là que des préliminaires. Car il ne suffit pas d'admettre l'existence d'entités et de courants qui peuplent l'espace ou qui nous habitent, il faut s'efforcer d'entreprendre avec ces entités et ces courants un travail constructif. Eh oui, c'est nouveau tout cela pour vous, n'est-ce pas ? Vous êtes attentif à mettre de l'ordre partout dans le plan physique, dans votre maison, votre lieu de travail ou même votre apparence extérieure et c'est très bien, mais intérieurement, dans vos pensées, vos sentiments, vous laissez tout en pagaille, parce que vous ne croyez pas que ces pensées et ces sentiments appartiennent à un monde qui existe réellement et sur lequel il faut travailler pour l'ordonner, l'harmoniser et l'embellir.

Qu'est-ce qu'on ne fait pas pour ce qui est visible ? Et pendant ce temps l'invisible est là, complètement abandonné. Eh bien, désormais, il faut changer d'attitude : le monde invisible est une réalité et une réalité plus importante que le monde visible, c'est donc de lui qu'il faut s'occuper avant tout.

Et quand vous vous concentrez sur ce travail intérieur, vous sentez que tout ce que vous êtes en train de vivre de pur, de lumineux vous lie à d'autres existences, d'autres courants jusqu'à l'infini. Tant que vous concentrez votre attention uniquement sur le monde visible, matériel, vous vous limitez, vous vous appauvrissez et vous vous matérialisez, vous aussi. Alors que si vous travaillez avec le monde invisible qui est la richesse, qui est l'immensité, vous vous liez à toutes ces forces créatrices, toutes ces entités lumineuses qui circulent à travers les étoiles, les constellations, tous les mondes qui peuplent l'univers, et vous goûtez la vie divine.

Notes

1. Cf. *La foi qui transporte les montagnes*, Coll. Izvor n° 238, chap. V : « La foi précède toujours le savoir ».
2. Cf. *De l'homme à Dieu – séphiroth et hiérarchies angéliques*, Coll. Izvor n° 236, chap. III : « Les hiérarchies angéliques ».
3. Cf. *L'arbre de la connaissance du bien et du mal*, Coll. Izvor n° 210, chap. VII : « La question des indésirables ».
4. Cf. *Le véritable enseignement du Christ*, Coll. Izvor n° 215, chap. IX : « Veillez et priez ».

II

LA VISION LIMITÉE DE L'INTELLECT, LA VISION INFINIE DE L'INTUITION

I

Tous les états qui les rapprocheraient du monde divin, la plupart des humains les rejettent comme anormaux ou même dangereux ; ils veulent faire confiance seulement à l'intellect. Là, au moins, c'est sensé, on a la tête sur les épaules.

Quand un professeur vous donne des explications, il se sert de schémas, de graphiques, grâce auxquels on le suit pas à pas sans danger de s'égarer. Pourtant ce ne sont pas ces graphiques, ces schémas, ces arguments si ordonnés, si clairs, qui empêcheront ce professeur de perdre la tête dans d'autres circonstances ! Car si les intellectuels font preuve de tellement de prudence, de discipline, d'objectivité quand il s'agit de leurs travaux, une fois sortis de ces travaux, ils trouvent normal de vivre dans la subjectivité, et même de se livrer au désordre et au trouble des passions. Eh bien, ce serait peut-être mieux à ce moment-là de se méfier et de faire intervenir un peu plus l'intellect. Mais non, ils préfèrent se méfier des sensations célestes, divines, harmonieuses, des sensations qui ne troublent pas, qui n'introduisent aucun élément nocif à l'intérieur de l'être. Quelle drôle de mentalité !

Si on étudie les statistiques, on verra que c'est parmi les intellectuels qu'on trouve le plus de déséquilibrés et de malades mentaux. Car l'intellect ne protège pas les êtres des troubles psychiques, au contraire même. La vie ne consiste pas exclusivement à faire des observations, des mesures et des calculs, les humains ne sont pas des machines et, pour affronter les difficultés et les chocs de l'existence, pour ne pas se laisser emporter et détruire par les passions, pour découvrir la véritable réalité des choses, l'intellect ne suffit pas.

Bien sûr, comme certains qui se disent spiritualistes, mystiques, sont en réalité des gens bizarres, désaxés, fanatiques, les intellectuels ont tiré des conclusions sur tous les spiritualistes et mystiques. Mais ce n'est pas honnête. Les vrais mystiques sont des êtres sensés : leurs manières, leurs gestes, leurs regards, leurs paroles, leurs pensées, tout est ordonné, tout est harmonieux. Pourquoi faut-il s'imaginer que le monde de l'esprit, le monde divin, pousse les êtres seulement à perdre la tête, à s'imaginer qu'ils voient le Seigneur face à face et Lui parlent, ou bien qu'ils sont le Christ, la Sainte Vierge, Jeanne d'Arc, etc. ? Beaucoup, pour échapper à ces élucubrations, ont préféré devenir des intellectuels desséchés. Évidemment, si on se lance dans la vie spirituelle sans guide, sans directives, on peut se détraquer ; c'est ce qui est arrivé à beaucoup et on comprend donc un peu que, devant des exemples pareils, certains se méfient du mysticisme. Seulement voilà, donner la prépondérance à l'intellect n'est pas non plus la solution.

L'intellect est une faculté qui s'est développée en l'homme après le cœur, le sentiment. En lui permettant d'observer, de raisonner, de comprendre, elle lui donne d'immenses possibilités pour travailler et se développer. D'une certaine façon, on peut dire que l'intellect est une faculté liée aux yeux : voir les choses, c'est déjà un peu les comprendre. Combien de fois il arrive que pour dire : « Je comprends », on dise : « Je vois ». La nature a travaillé des millions d'années au développement de l'intellect, mais ce n'est pas lui qui est destiné à avoir le dernier mot : la nature a prévu de développer encore en l'homme des facultés bien supérieures. L'intellect est limité ; pour juger, tirer des conclusions, il se base sur l'apparence des choses et sur la vision partielle qu'il en a.

La connaissance synthétique manque donc à l'intellect, et il ne peut pas avoir non plus une connaissance de l'intérieur. C'est pourquoi il ne permet pas à l'homme de se prononcer correctement sur les êtres et les situations, et c'est là l'origine d'innombrables erreurs et malentendus. Bien sûr, en accumulant pendant longtemps un grand nombre d'éléments, on peut arriver à avoir une vue de la totalité, mais combien de temps cela prendrat-il ? Et il y aura toujours des éléments subtils, impalpables, que l'intellect ne pourra pas saisir. Quand vous rencontrez quelqu'un, vous ne pouvez pas connaître d'un seul coup tous ses défauts, ses qualités, ses vertus. Il faut le fréquenter longtemps pour cela. La seule façon de connaître instantanément un être dans sa totalité, c'est de développer l'intuition qui est une manifestation de l'esprit. L'intuition n'a besoin d'aucun élément pour juger : elle pénètre instantanément au cœur des êtres et des choses et se prononce aussitôt sans jamais se tromper. Il n'y a rien de caché pour elle, elle seule peut connaître la réalité dans sa totalité.

Si l'Intelligence cosmique a donné l'intellect aux humains c'est évidemment pour s'en servir ; malheureusement, ils le font en se privant d'autres possibilités d'exploration et de connaissance plus subtiles. Comme ils sont incapables d'utiliser leurs facultés psychiques pour pénétrer l'anatomie et la physiologie du corps physique, ils sont obligés de le disséquer. Vous direz : « Comment ? On pourrait connaître l'anatomie et la physiologie d'un homme ou d'un animal sans les disséquer ? » Oui. On a bien construit toutes sortes d'appareils perfectionnés pour voir à l'intérieur du corps physique… Combien de fois je vous l'ai dit déjà : tout ce que l'homme a construit comme appareils n'est que la correspondance dans le plan physique d'appareils psychiques ou spirituels qui existent déjà en lui, et s'il est obligé de les construire à l'extérieur de lui, c'est qu'il ne sait pas les découvrir et les faire fonctionner en lui. Est-ce que c'est clair maintenant ? C'est parce qu'ils n'ont pas développé la capacité de connaître la matière par leurs facultés intuitives que les scientifiques sont obligés de la déchirer. Exactement comme les enfants qui mettent un jouet en morceaux pour savoir ce qu'il y a dedans. Voilà comment la science, qui est si fière de ses trouvailles, en est restée, en réalité, à une mentalité infantile.

Ne pouvoir utiliser que les cinq sens dont l'intellect est le représentant privilégié, limite énormément les humains. Pour connaître l'univers, le soleil, les planètes ou même le centre de la terre et les profondeurs des océans, ils doivent construire toutes sortes d'engins et tant que ces engins ne sont pas au point, d'innombrables connaissances leur échappent… Et même s'ils arrivaient à les mettre au point, étant donné que, pour atteindre certains lieux éloignés de l'espace, il faudrait beaucoup plus d'années que n'en comporte normalement la vie d'un homme, voilà encore une autre impossibilité ! Tandis qu'avec les sens du monde spirituel, instantanément on peut pénétrer n'importe où dans l'espace et tout connaître.

L'homme doit donc devenir de plus en plus conscient qu'il a à sa disposition des instruments bien supérieurs à l'intellect, et apprendre, à l'avenir, à laisser un peu l'intellect de côté, à le regarder seulement comme un instrument de travail pour l'étude et l'exploration de la matière. Car dans la vie quotidienne non plus, ce n'est pas l'intellect qui peut nous guider : il nous induira toujours en erreur, non seulement parce qu'il a une perception partielle de la réalité, mais surtout parce qu'au fond de tout ce qu'il entreprend il y a un mobile caché, un intérêt, un calcul égoïste qui finira toujours par produire des troubles. L'intellect n'est pas fait pour la générosité, l'abnégation, le renoncement, il n'a pas été créé pour cela, il ne sait que tourner les situations à son profit. Si un jour il se laisse aller à faire un sacrifice, un geste généreux, déjà le lendemain il le regrette, il trouve que c'est dommage, qu'il a été bien bête d'écouter les conseils du cœur ou de l'âme.

Et comment la fraternité se réalisera entre tous les hommes, comment la terre ne formera plus qu'une seule famille, comment le monde entier vivra dans le bonheur, cela non plus l'intellect n'est pas capable de le concevoir et de le réaliser. Il ne peut pas s'élever assez haut pour découvrir les vrais moyens, les vrais remèdes, les vraies solutions. Ce qu'il imagine, ce qu'il propose à partir de sa vision incomplète et égocentrique des choses est toujours

défectueux et ne peut provoquer que des malentendus. C'est pourquoi rien n'est jamais réglé, il
surgit toujours de nouveaux problèmes. L'intellect
ne sera jamais un instrument parfait parce que les
régions dans lesquelles il travaille, celles des pensées et des sentiments ordinaires, sont encombrées
de poussière et de brume. La claire vision des
choses ne lui a pas été donnée, et si l'on s'en remet
absolument à lui, sans chercher plus haut d'autres
instruments, d'autres facultés que Dieu nous a donnés aussi, eh bien, on ne trouvera jamais les
meilleures solutions.

Le moment vient de ne plus vous laisser éblouir
par les exploits de l'intellect, mais d'admettre
l'existence en vous de corps spirituels, d'étudier
leurs différentes possibilités et de travailler enfin
à développer l'intuition, c'est-à-dire l'intelligence
supérieure du plan causal qui n'a plus aucun mobile
égocentrique, mais toujours un but héliocentrique,
théocentrique.[1] À ce moment-là, au lieu de tout
faire pour votre propre profit, vous commencerez
à vous mettre au service de Dieu. Non que Dieu
ait besoin de quoi que ce soit : Il est tellement riche
et puissant qu'Il n'a pas besoin qu'on travaille pour
Lui. Ce travail, c'est pour nous qu'il nous est
demandé, parce qu'il nous fait changer de point de
vue, d'orientation, et c'est nous qui en bénéficions,
c'est en nous que se produisent les améliorations.
Lorsque toutes les énergies convergent vers un

autre centre que nous-même, tous les processus, les fonctions, les vibrations changent, et au lieu de rester terne, nous devenons lumineux, rayonnant.

Évidemment, je le répète, il n'est pas question de supprimer l'activité de l'intellect. Dieu a voulu que l'être humain développe toutes les possibilités du cerveau, c'est pourquoi Il l'a fait descendre dans la matière pour l'explorer. Et dans cette involution, les cinq sens ont pris tellement d'importance que les hommes ont perdu la notion du Ciel, ils ne communient plus avec les entités lumineuses, ils ne pensent plus à elles, ils ne sentent même plus leur présence. Mais cette descente dans la matière restera quand même une acquisition extraordinaire pour l'humanité, car les projets de l'Éternel sont de perfectionner la créature humaine et, en la faisant passer à travers la matière, à travers les gouffres, à travers la maladie et la mort, de la faire revenir vers la vie, vers la résurrection, vers la lumière, vers la liberté absolue, afin qu'elle connaisse son Créateur. Déjà cette ascension a commencé, les courants du Ciel deviennent plus puissants et, de plus en plus nombreuses, des âmes lumineuses vont se réincarner : des philosophes, des artistes, des scientifiques qui auront un nouveau langage, qui créeront de nouvelles œuvres, qui proclameront de nouvelles valeurs, qui apporteront une nouvelle vision du monde, afin que sur toute la terre une nouvelle culture vienne s'ins-

taller, une culture qui établira le Royaume de Dieu
et sa Justice. Mais pour que cela arrive, il faut
apprendre à travailler avec ces appareils très perfectionnés que sont les organes des corps causal,
bouddhique et atmique, en un mot, travailler avec
l'esprit, car lui seul peut arriver à contempler et à
saisir les réalités du monde divin.

Note
1. Cf. *Les deux arbres du Paradis*, Œuvres complètes, t. 3,
   chap I : « Les systèmes théocentrique, biocentrique et égocentrique ».

La majorité des gens admettent l'existence d'une faculté mentale qui est au-delà de la réflexion, du raisonnement : l'intuition. Mais ce qu'est réellement cette faculté et comment elle

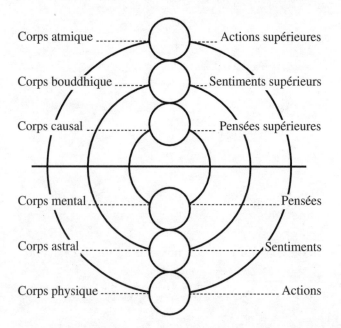

Corps atmique .... Actions supérieures

Corps bouddhique .... Sentiments supérieurs

Corps causal .... Pensées supérieures

Corps mental .... Pensées

Corps astral .... Sentiments

Corps physique .... Actions

fonctionne, cela n'est pas très clair pour eux. Pour comprendre la nature de l'intuition, il faut se reporter au schéma que donnent les hindous des différents corps de l'homme.

Pour les hindous, notre corps physique est habité et animé par plusieurs corps subtils qui sont le corps astral, porteur des émotions, des sentiments ; le corps mental, support des idées concrètes, c'est-à-dire qui ont un rapport avec la matière ; le corps causal ou corps mental supérieur, qui permet à l'homme d'accéder à la compréhension des vérités sublimes, des mystères de l'univers ; le corps bouddhique, porteur, comme le corps astral, d'émotions et de sentiments, mais d'émotions et de sentiments divins : l'amour universel, l'abnégation, le sacrifice ; le corps atmique, enfin, porteur de cette étincelle immortelle qui est la toute-puissance de Dieu.[1]

Les trois premiers corps, physique, astral, mental, sont à peu près également développés chez tous les humains. Mais pour les trois corps supérieurs, ce n'est pas le cas, il existe une grande différence parmi eux. Seuls certains philosophes, certains spiritualistes parviennent à s'élever jusqu'au plan mental supérieur où ils commencent à vivre dans la région sublime de la lumière. Leur cerveau s'affine tellement que des centres nouveaux s'éveillent en eux, grâce auxquels ils peuvent saisir la réalité des choses. C'est cela le monde de l'intuition.

L'intuition est une vision, une réception instanta-
née, une saisie immédiate et totale de ce monde
réel, véridique qui est situé au-delà du plan mental lui-même car, dans le plan mental, se glissent
encore des erreurs et des illusions.

On ne peut arriver jusqu'à ce monde de l'intuition que par des pratiques de la plus haute spirituа-
lité. Il faut avoir un haut idéal et surtout un Maître,
afin d'être guidé sur ce chemin difficile, et enfin une
volonté stable pour pratiquer inlassablement des
exercices jusqu'à ce que l'on soit assez développé
pour saisir et capter les réalités des régions sublimes.

L'intuition est une forme d'intelligence très dif-
férente de l'intelligence ordinaire. Ceux qui travaillent beaucoup avec l'intellect arrivent, bien sûr,
à une certaine compréhension des choses, mais ils
parviennent à peine à toucher ce monde de l'intuition où la connaissance est immédiate et totale ;
il leur faut des années et des années de travaux, de
réflexions, de calculs pour faire une découverte.
Tandis que ceux qui ont choisi le chemin de l'esprit peuvent se brancher directement à ces régions
sublimes. Seulement ils doivent pour cela cesser
de vivre dans le vacarme des émotions et des passions qui empêchent d'y voir plus clair, et mettre
de l'ordre dans tout leur être. C'est dans cette paix
et cette harmonie qu'ils peuvent atteindre la région
de l'intuition, et ils ressemblent alors à la surface
d'un lac limpide où tout le ciel vient se refléter.

Vous direz : « Mais alors, à quoi sert l'intellect ? » L'intellect est extrêmement utile, car il vous permet de faire déjà une grande partie du chemin. Oui, mais arrivé à une certaine limite, il vous abandonne, il ne peut pas vous mener plus loin, il vous dit : « C'est une région où je ne peux pas te guider : il m'est impossible d'aller plus loin. Je t'ai amené jusqu'ici, mais maintenant c'est à d'autres forces, d'autres facultés, d'autres entités de te prendre avec elles pour te montrer le chemin. » Regardez, c'est exactement comme pour certains voyages : vous commencez, par exemple, par prendre votre voiture qui vous amène jusqu'à la gare, là vous montez dans le train. Arrivé à un certain point, vous ne pouvez pas aller plus loin et vous devez prendre le bateau. Après quelques heures ou quelques jours, vous devez aussi quitter le bateau. À ce moment-là, un avion vous attend, et hop, vous vous envolez dans les airs. Alors, vous avez compris, l'intellect ne vous sert qu'à faire une partie du chemin intérieur que vous avez à parcourir.

L'intellect est l'instrument le plus formidablement utile pour préparer les conditions, déblayer la voie, mettre les choses en place en attendant que l'intuition puisse se manifester. Il vous aide à surveiller, à contrôler ce qui se passe dans votre tête et dans votre cœur, à éliminer les pensées et les sentiments négatifs, à conserver au contraire les pensées et les sentiments constructifs, bénéfiques, et à les amplifier. Quand vous aurez ainsi introduit en vous la paix et la pureté qui sont les conditions indispensables pour entrer en contact avec le Ciel, ce sont d'autres courants qui viendront vous prendre pour vous amener jusqu'à la région divine de la lumière infinie et du savoir absolu et, d'un seul coup, vous aurez des révélations. Car c'est cela l'intuition : une étincelle, une lumière proje-tée, un savoir que l'on capte de l'intérieur sans se rendre compte d'où et comment il est venu ; mais on ressent une certitude absolue que c'est ainsi et pas autrement. Les vérités, les connaissances que l'on reçoit par l'intuition sont sans défaut, sans erreur possible.

Ainsi, l'intuition est supérieure à l'intellect ; elle a, si vous voulez, la même précision rapide et infaillible qu'un ordinateur par rapport au cer-veau. Bien sûr, c'est le cerveau qui est supérieur : il a construit l'ordinateur, lui a confié les données nécessaires, il déclenche et contrôle son fonction-nement, et la réponse de la machine sera toujours à la mesure de l'intelligence humaine qui lui a fourni les données ; et comme cette intelligence est limitée, la réponse sera aussi limitée. Mais lors-qu'il s'agit de faire vite un calcul ou une opération très complexe, l'ordinateur vous donne la réponse juste en quelques secondes, alors qu'il aurait fallu au cerveau plusieurs heures ou plusieurs jours pour trouver la solution.

J'ai pris cet exemple de l'ordinateur uniquement comme une image pour vous montrer que
l'intuition aussi vous donne la réponse en une
seconde, sans même que vous sachiez pourquoi,
comment et par quel moyen les entités célestes qui
vous ont répondu ont bien voulu le faire. C'est
comme s'il existait en vous un être dont le regard
est capable de pénétrer la réalité des choses et de
vous communiquer ce qu'il perçoit en prenant en
considération non seulement les éléments du plan
physique, mais tous les éléments invisibles et subtils qui échappent à la compréhension humaine.
Ainsi l'intuition est une révélation d'un ordre supérieur à l'intellect ; on ne peut s'élever jusqu'à cette
région que par la méditation, un travail assidu et
la prière. Lorsque vous êtes parvenu à introduire
en vous l'ordre et la paix, tout le Ciel vient se refléter sur la surface limpide de votre conscience.

Les humains reçoivent dans les écoles une ins-
truction qui les pousse à compter sur l'intellect
bien plus que sur l'intuition. C'est bien, seulement
il faudra des milliers d'années à l'intellect pour
arriver à voir, à toucher, à comprendre la réalité
du monde divin ou l'existence des entités invisibles. Tandis que les esprits intuitifs, les êtres qui
travaillent selon les méthodes des Initiés, n'ont
pas besoin, eux, de réfléchir et de tâtonner pendant des siècles pour percevoir, sentir et toucher
la réalité.

Il est bon d'avoir une pratique quotidienne de ce monde de l'intuition. C'est pourquoi, lorsque vous avez un problème important à résoudre, trouvez un endroit calme et concentrez-vous… Essayez de monter très haut par la pensée et lorsque vous sentez que vous avez réussi à atteindre un certain point, posez la question qui vous préoccupe et attendez paisiblement : il y aura toujours une réponse. Selon votre degré de développement, selon votre travail, cette réponse vous parviendra plus ou moins clairement ; ce ne sera peut-être qu'une sensation vague, difficile à interpréter, mais ce sera déjà un indice. Alors, n'abandonnez pas, recommencez à vous lier au monde de la lumière, reposez la question : quelque temps après vous sentirez en vous une clarté, une certitude, et à ce moment-là, plus de doute, vous saurez comment vous devez agir. Plus l'homme est développé, plus la réponse qu'il reçoit est claire et précise.

Certaines personnes ont des dons de voyance, elles voient des formes, des couleurs, des entités, mais ce n'est pas encore le degré d'investigation le plus élevé. Le plus haut degré, c'est de saisir, de comprendre les choses par l'intuition sans voir aucune forme, aucune lumière, rien. On sait avec une certitude immédiate et absolue. Combien de gens voient des formes et des couleurs qu'ils ne peuvent pas interpréter correctement ! Alors, à quoi leur sert cette clairvoyance ? L'intuition, elle, est la fusion de l'intelligence et de la sensibilité, elle nous donne la connaissance complète, et en ce sens elle est supérieure à la clairvoyance, car la clairvoyance, ce n'est rien d'autre que de voir le côté objectif du plan astral ou mental : vous voyez, et vous êtes terrifié ou émerveillé, vous ressentez des sentiments, mais sans avoir la connaissance ni la compréhension.

Un véritable spiritualiste ne s'occupe même pas de ce qu'il voit dans le plan astral, il ne travaille pas pour ça, il passe au-delà, il veut une réponse supérieure. Quand il a reçu cette réponse de l'intuition, alors, oui, il peut retourner dans les régions de la clairvoyance ou de la clairaudience. Mais d'abord, il doit viser le but le plus élevé, sinon ces visions, ces images flottantes s'accrocheront à lui, l'arrêteront et l'empêcheront d'aller plus loin, car c'est un monde extrêmement confus et mélangé. On y rencontre des images tellement terribles qu'on ne peut plus le traverser paisiblement pour aller plus haut, on est obligé de s'arrêter en chemin, on est presque entravé dans son évolution. C'est pourquoi, tant qu'on n'a pas le pouvoir de se mettre à l'abri de ces dangers, il est préférable de traverser rapidement ces régions les yeux fermés et de commencer par travailler sur l'intuition.

Il existe de nombreuses méthodes pour développer l'intuition : on peut pratiquer des exercices de concentration, de visualisation, de contemplation. Vous pouvez aussi vous concentrer sur votre Moi supérieur et vous imaginer qu'il vous communique tout ce qu'il voit, tout ce qu'il sait.[2] Mais encore une fois, le moyen le plus efficace, le moins dangereux, c'est de travailler sur le désintéressement et la pureté. Tâchez de n'avoir jamais de parti pris, de ne jamais agir par intérêt, c'est à cette seule condition que tout ce qui vous empêche d'y voir clair disparaîtra et que vous pourrez connaître les choses et les êtres dans leur réalité.

Notes
1. Cf. « *Et il me montra un fleuve d'eau de la vie* », Partie III, chap. 1 : « Le système des six corps ».
2. Op. cit. Partie VI, chap. 3 : « Le Moi supérieur. La descente du Saint-Esprit ».

III

L'ACCÈS AU MONDE INVISIBLE :
DE IÉSOD À TIPHÉRETH

I

Pour pénétrer dans le monde invisible, il existe différentes voies. La méditation est, avec la prière, parmi les plus accessibles.[1] Mais méditer suppose une préparation. Celui qui veut méditer sans posséder encore une discipline intérieure commence par errer dans les régions inférieures du plan astral où il remue au passage toutes sortes de couches obscures peuplées par des entités qui sont souvent hostiles aux humains, et c'est ainsi qu'il devient la proie de visions étranges qui n'ont aucun rapport avec l'objet de sa méditation.

Avant de méditer, il faut commencer par mettre de l'ordre dans son être psychique, sinon, même cet exercice tellement utile et salutaire peut devenir dangereux. Et les personnes qui ont des facultés médiumniques sont là particulièrement exposées. Il ne faut pas se lancer sur le chemin de la spiritualité sans précautions préalables. Il est nécessaire pour le spiritualiste d'apaiser, d'apprivoiser, d'orienter toutes les tendances en lui, d'avoir pour seul but de se perfectionner, d'obtenir la sagesse, la pureté, de connaître la vérité. Ce but supérieur est comme un diapason, et au moment où toutes les particules de son être s'accordent avec ce diapason, elles vibrent en harmonie et les expériences qu'il fait dans le monde invisible sont réellement bénéfiques. Sinon, la spiritualité devient une aventure risquée. Car vous ne devez pas vous imaginer qu'on entre dans le monde invisible comme dans un moulin ; ce monde est le territoire d'innombrables créatures qui ne vous laisseront pas vous promener chez elles comme il vous plaît. C'est exactement comme si vous décidiez d'aller vous promener dans certaines forêts sauvages : vous serez exposé aux attaques des animaux qui s'y trouvent, fauves, serpents, insectes venimeux… et si vous ne savez pas vous protéger, vous êtes à leur merci.

Vous direz : « Mais comment ? Du moment que nous voulons entrer en contact avec le Ciel, nos expériences ne peuvent que nous être bénéfiques ! » Non, tous ceux qui veulent pénétrer dans le monde divin, sans y être préalablement préparés, courent des risques : les entités lumineuses ne peuvent pas supporter l'intrusion d'individus qui essaient d'entrer chez elles en apportant tous les déchets et les miasmes de la terre, alors elles commencent à les refouler et à leur déclarer la guerre. On ne fait pas violence au monde spirituel. Si vous voulez approcher les entités célestes, vous devez vous préparer en adoptant une attitude sacrée : demandez à ces entités sublimes l'autorisation de pénétrer dans leur région pour admirer leur beauté, leur pureté et glorifier le Seigneur ; à ce moment-là, oui, vous gagnez leur amitié et vous n'êtes ni rejeté ni combattu.

Malheureusement, les humains qui sont éduqués à ne rien respecter, à se montrer grossiers, violents avec ceux qu'ils fréquentent – il paraît que c'est ainsi qu'on réussit dans la vie ! – gardent la même attitude à l'égard des esprits lumineux. Au lieu de comprendre qu'il vaut mieux essayer de gagner leur amitié et leur confiance par l'humilité, le respect, la pratique des vertus, ils cherchent à s'imposer à tout prix. Tels qu'ils sont, ils se présentent et le Ciel doit les accepter. Eh bien non, ce n'est pas ainsi que les choses se passent, le Ciel ne les accepte pas. Alors, attention, car si vous êtes refoulés du territoire des esprits lumineux, vous allez vous retrouver dans celui des esprits ténébreux qui seront bien contents d'avoir là de bonnes proies à se mettre sous la dent et vous serez leurs victimes.

L'étude de l'Arbre séphirotique, qui est une représentation des différentes régions de l'univers, mais aussi une représentation des différentes régions psychiques de l'homme, vous aidera à mieux comprendre l'itinéraire que doit suivre celui qui veut avoir accès au monde invisible.[2] La pre-

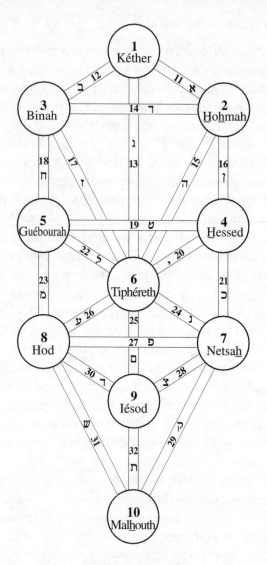

Arbre séphirotique

mière séphira en commençant par le bas est *Malhouth*, et elle représente le plan physique, ma tériel, la terre. Au-delà de *Malhouth* se trouve *Iésod*, la région de la lune, et au-delà encore *Tiphéreth*, la région du soleil. En quittant *Malhouth*, on quitte le plan physique pour entrer dans le plan psychique : *Iésod*. Oui, *Iésod* est le commencement de la vie psychique et en cela elle représente un progrès par rapport à *Malhouth*, le plan physique. Mais la vie psychique est faite d'abord de régions brumeuses, de formes vagues et indéterminées : telle est la partie inférieure de *Iésod* qui n'a pas été encore visitée par la lumière de *Tiphéreth*, le soleil, la raison, l'esprit.

Iésod est une région déjà beaucoup plus subtile que *Malhouth*, mais la partie qui est la plus proche de *Malhouth* est encore trop humide, trop brumeuse, trop poussiéreuse, c'est la région des illusions, des égarements. Il faut donc la traverser rapidement pour aller au-delà jusqu'à découvrir le monde de la lumière, *Tiphéreth*, la région du soleil : c'est là que commence le véritable travail spirituel. Beaucoup de prétendus spiritualistes, voyants ou mystiques, ont pataugé dans les zones inférieures de *Iésod* ; il leur manquait les connaissances qui leur auraient permis de dépasser ces régions et de trouver la clarté, c'est pourquoi beaucoup ont mal fini.

Tous ceux qui ont voulu pénétrer dans le monde spirituel sans être préparés ont trouvé devant eux cet être terrible que l'on appelle dans la Science initiatique le Gardien du Seuil. En réalité, cet être terrible est en eux-mêmes. Il est formé par l'accumulation de toutes leurs tendances inférieures : les convoitises, la sensualité, l'agressivité, etc., il leur barre le chemin, il ne les laisse pas pénétrer dans ces régions tant qu'ils n'ont pas encore mérité le droit d'y accéder.

Dans son roman « Zanoni », Bulwer Lytton raconte les épreuves d'un disciple, Glyndon, qui, impatient d'accéder aux mystères sans y être encore parfaitement préparé, transgresse les ordres de son Maître, Mejnour, et aspire l'élixir qui doit lui donner les connaissances et l'immortalité. Après quelques secondes d'extase, il voit apparaître un monstre hideux, le Gardien du Seuil, et tombe sans connaissance. Des années durant, cette vision horrible le poursuit, il abandonne ses travaux et erre comme un malheureux à travers le monde jusqu'à ce que Zanoni le délivre enfin de ses tourments.

En réalité, chacun doit un jour rencontrer le Gardien du Seuil et lui faire face : il est là dans la neuvième séphira, *Iésod*, prêt à menacer de sa face épouvantable l'adepte présomptueux qui cherche à s'aventurer dans les régions spirituelles sans avoir suffisamment travaillé sur la pureté, la maîtrise, le courage. Seul le disciple armé de connaissances, qui a réussi à dominer tous ses instincts inférieurs, arrive à vaincre le Gardien du Seuil. Un regard suffit : « Va-t-en » et il disparaît lui laissant le chemin libre.

Notes
1. Cf. *La méditation*, Brochure n° 302 et *La prière*, Brochure n° 305.
2. Cf. *De l'homme à Dieu – séphiroth et hiérarchies angéliques*, Coll. Izvor n° 236, chap. II : « Présentation de l'Arbre séphirotique».

II

Le jour, quand le soleil brille, nous voyons tous les objets autour de nous avec précision : leur forme, leur couleur, leurs dimensions, la distance à laquelle ils se trouvent… Le soleil règne sur ce qui est clair, limpide, et de cette clarté provient la connaissance exacte des choses.

La nuit, au contraire, même si la lune brille, les objets sont plongés dans une sorte de pénombre où ils apparaissent différents qu'ils ne sont : ce qui est laid peut sembler beau, ce qui est beau peut sembler grimaçant. Dans ce flou, cette imprécision, il est impossible d'avoir une claire vision de la réalité. En revanche, toutes les possibilités sont là pour l'imagination qui est aussi une forme de vision, mais une vision qui se situe au-delà du plan physique.

Le soleil est donc le domaine de la connaissance claire, de la raison ; la lune est le domaine de l'imagination, de la médiumnité. En réalité, la lune a plusieurs aspects, mais pour faciliter les choses, nous n'en mentionnerons que deux : une région brumeuse où sont les illusions, les fantasmes, les aberrations, la folie, et une région claire qui est l'imagination poétique, la véritable inspiration. Beaucoup d'artistes se plaisent dans la région crépusculaire de la lune ; ils sont fiers d'apporter, par leurs créations, un élément d'irréalité : le rêve, l'étrange, le fantastique. Mais cet univers du vague et de l'imprécision dans lequel ils se réfugient est très dangereux et beaucoup d'entre eux ont fini alcooliques, fous, ou se sont suicidés.

Dans la mesure où ils vivent et travaillent dans un plan supérieur au plan physique : le plan astral, on peut dire que les artistes sont des voyants et, bien sûr, c'est un progrès, mais à condition de ne pas stagner dans ses parties inférieures ; ces régions ne doivent être que des lieux de passage, il faut les traverser pour aller plus haut et recevoir l'influence du soleil. Malheureusement, beaucoup d'artistes n'en sont pas capables ou, s'ils le sont, ils ne font aucun effort dans ce sens : leurs écrits, leurs tableaux, leurs musiques sont l'expression du plan astral inférieur, la face obscure de la lune. Malgré cela, ils s'imaginent qu'ils donnent des trésors aux humains. Pas du tout, ils les influencent très mal, car ils ne sont pas vraiment éclairés. Ils ont des dons, des talents, c'est entendu, mais intérieurement, ils ne possèdent pas les éléments du soleil, les seuls susceptibles d'amener les êtres vers les régions où ils trouveront la certitude, la paix, la lumière.

Bien sûr, on ne peut pas, d'une certaine façon, échapper à ces régions du plan astral : parce qu'elles sont aussi en nous. Elles sont en dehors de nous, mais elles sont également en nous. Il y a le jour et il y a la nuit, il y a le soleil et il y a la lune. On ne peut supprimer ni la nuit, ni la lune, mais il est préférable de ne pas trop s'exposer à leur influence. La lune, il faut l'étudier, mais ce qu'elle représente en nous comme philosophie, comme conception et perception des choses, il est préférable de s'en méfier.

Alors, essayez de ne pas vous attacher à des formes d'art qui vous maintiennent dans un monde crépusculaire, car elles ne vous aideront pas à y voir clair, elles ne vous rendront pas meilleur et elles vous empêcheront d'évoluer.[1] Bien sûr, on ne peut pas nier que ce monde soit plein de séductions ; mais ceux qui s'y laissent retenir ne peuvent aller plus loin, ils sont arrêtés dans leur évolution. C'est le sens symbolique du passage de l'« Odyssée » où Homère raconte comment Ulysse, naviguant au large de l'île des Sirènes, avait fait boucher de cire les oreilles de ses compagnons, pour qu'ils ne se laissent pas séduire par ces femmes à la voix mélodieuse, qui détournaient les matelots de leur chemin pour les dévorer. Les Sirènes sont un des nombreux symboles des entités du plan astral. Que d'artistes sont restés la proie des Sirènes !

Comme Ulysse, un véritable instructeur qui connaît la réalité des choses, tâche de mettre ses disciples en garde contre les pièges du plan astral et de les entraîner plus loin, plus haut, pour découvrir les seules réalités qui valent la peine d'être découvertes : les splendeurs du monde divin, Tiphéreth, la région du soleil, où tout devient limpide et lumineux.

Note

1. Cf. *Les lois de la morale cosmique*, Œuvres complètes, t. 12, chap. III : « L'activité créatrice comme moyen d'évolution ».

IV

LA CLAIRVOYANCE :
ACTIVITÉ ET RÉCEPTIVITÉ

De plus en plus de gens s'intéressent aux phénomènes de la médiumnité, de la clairvoyance, de la télépathie et désirent cultiver ces facultés qui leur paraissent tellement avantageuses : connaître, pénétrer ce qui est caché. Oui, bien sûr, c'est avantageux, mais c'est quand même risqué. Pourquoi ? Parce que, pour devenir médium, clairvoyant, il est nécessaire d'observer une attitude de grande passivité et réceptivité. C'est parce qu'ils ont cette attitude réceptive que les voyants peuvent être les messagers de l'invisible. Mais quand on devient trop réceptif, on est comme une éponge, on absorbe tout, ce qui est bon comme ce qui est mauvais.

Le monde invisible n'est pas un espace vide, et il est dangereux de s'aventurer sans préparation préalable dans ces régions, qui ne sont pas uniquement peuplées d'esprits lumineux, mais aussi d'entités malfaisantes très souvent hostiles aux humains et qui se plaisent à les induire en erreur ou à les persécuter. Dans l'invisible flottent aussi

des créatures monstrueuses produites par les pensées et les sentiments de gens criminels et de magiciens noirs, qui cherchent à se faufiler partout où
elles trouvent une porte ouverte, c'est-à-dire chez
tous les êtres faibles et incapables de se défendre.
On trouve ainsi dans les hôpitaux psychiatriques
toutes sortes de personnes qui, dans leur désir d'entrer en relation avec le monde invisible par la clairvoyance et la médiumnité, se sont laissé envahir
par ces entités ténébreuses.

Quand on possède certaines facultés médiumniques, qui sont les qualités du principe féminin,
il est conseillé de développer aussi des qualités
masculines afin de posséder des armes pour se protéger. L'histoire de l'Antiquité nous a conservé de
nombreuses figures de voyantes, de prophétesses,
de sibylles, de pythonisses qui ont joué un rôle
important. Mais ces voyantes vivaient toujours près
de grands prêtres et d'Initiés qui les protégeaient.
Car un Initié est un être qui a développé avant tout
des qualités de volonté, de maîtrise, qui sont des
qualités du principe masculin. Un véritable Initié
est plutôt un mage qu'un clairvoyant, il a choisi
d'agir sur les êtres, les éléments, les forces de la
nature. Il a peut-être des dons de réceptivité, mais
il a surtout la possibilité d'agir, c'est pourquoi il
est plus à l'abri qu'un clairvoyant. Comme il est
actif, dynamique, les forces qu'il projette s'oppo-
sent aux dangers qui le menacent. La perfection,

c'est évidemment de pouvoir développer les deux possibilités : être à la fois émissif et réceptif.

Chacun ne peut attirer que les courants et les entités qui sont en affinité avec l'état dans lequel il se trouve. C'est la loi : l'homme entre en relation avec ce qui correspond à ses vibrations, à son aura, et s'il n'est pas pur, lumineux, puissant, il est obligé de subir tout ce qui circule de négatif, de malsain, de violent dans l'atmosphère psychique qui l'entoure. Les personnes réceptives, passives comme les médiums sont ainsi plus particulièrement exposées ; c'est pourquoi je vous conseille de ne pas vous laisser aller à vos tendances médiumniques, si vous en avez, tant que vous n'avez pas accompli un travail de purification et d'élévation intérieure qui vous permettra de résister aux assauts des forces obscures. Faites d'abord l'effort de monter, de vous lier à la lumière, de projeter cette lumière autour de vous : au moment où vous sentez que vous y arrivez, et seulement à ce moment-là, vous pouvez vous abandonner, devenir réceptif, vous serez protégé à cause de votre travail préliminaire, à cause de toute cette lumière que vous avez projetée et qui repousse les indésirables.

Les êtres très sensibles sont souvent très vulnérables, car à côté de leur sensibilité, ils n'ont pas su développer les armes spirituelles : ils ne savent pas lutter, ils ne peuvent pas lutter. Combien ont cru qu'il suffisait de s'abandonner comme ça à une impulsion mystique très vague pour recevoir la Divinité. Eh bien, pas du tout, lorsqu'on se contente d'être passif, il n'est pas sûr que ce soit la Divinité que l'on reçoive, mais plutôt quelques diables qui, voyant là un bonhomme tellement mou, apathique et sans protection, se réjouissent de trouver un endroit où s'installer.

Quoi que vous vouliez entreprendre, il faut commencer par préparer les conditions. Quand vous devez verser un liquide dans un récipient, vous ne le versez pas dans un récipient sale ; s'il est sale, vous le lavez. Alors, vous-même, si vous êtes un récipient sale, croyez-vous que le Ciel viendra verser des bénédictions, croyez-vous que le Saint-Esprit viendra faire en vous sa demeure ? Comment pouvez-vous espérer que le Saint-Esprit acceptera de s'installer dans un marécage ? Ce qui viendra, ce sont les entités ténébreuses, impures, parce qu'elles sont attirées par la nourriture qui est là en vous sous forme de passions, d'instincts mal maîtrisés. Bien sûr, le Saint-Esprit peut venir, oui, mais seulement le jour où vous lui aurez préparé, à force de travail, un tabernacle digne de lui.

On sait malheureusement ce qui arrive à tous ces gens qui veulent recevoir le Saint-Esprit sans y être préparés, quels désordres s'emparent d'eux. Le Saint-Esprit les visite soi-disant et ils sont en train de se rouler par terre, de donner des ruades, de pousser des cris inarticulés – ce qu'ils appellent « parler en langues ». Quelle image ils donnent du Saint-Esprit ! Il n'est même pas pédagogue, puisqu'il ne sait pas parler dans des langues que les autres comprennent. Ce Saint-Esprit-là est peut-être un grand polyglotte, mais la pédagogie lui manque, car un pédagogue cherche avant tout à se faire comprendre. Comment imaginer que le Saint-Esprit, qui est un principe cosmique de la plus grande sagesse et puissance, puisse se manifester de façon tellement ridicule, en projetant les gens par terre pour parler à travers eux ? Quand vous parlez à un ami, à votre mari, à votre femme, est-ce que vous vous roulez par terre en vociférant pour les convaincre ? Non ? Eh bien, vous êtes mieux inspiré que tous ces gens soi-disant visités par le Saint-Esprit.

Si vous voulez véritablement entrer en communication avec le Ciel, efforcez-vous d'abord de gravir les sommets de votre être intérieur.[1] Restez là le plus longtemps possible à goûter cette vie intense et, comme il est difficile de maintenir très longtemps cette intensité, au bout d'un moment vous pouvez vous abandonner, vous laisser porter par la lumière comme si vous flottiez sur une mer calme… vous ne pensez plus, vous ne sentez presque plus… Là vous ne courez plus aucun danger, car c'est votre âme qui est là, vivante, vibrante pour s'imprégner des éléments les plus purs, les plus lumineux. Et quand vous devez reprendre vos travaux de la vie quotidienne, vous sentez que ces éléments spirituels rétablissent et harmonisent tout en vous. Votre désir de travailler, d'aider les autres, de les aimer, augmente, et c'est une sensation qui ne trompe pas. Voilà, c'est simple, c'est clair.

Note
1. Cf. *Puissances de la pensée*, Coll. Izvor n° 224, chap XIII : « La quête du sommet ».

V

FAUT-IL CONSULTER DES CLAIRVOYANTS ?

Combien de gens s'imaginent que la spiritualité consiste à peu près uniquement à lire quelques bouquins d'occultisme, à assister à quelques séances spirites et à consulter des clairvoyants pour qu'ils leur révèlent leur avenir ou leurs vies antérieures ! Ah, ça, des clairvoyants, ils en trouveront, ça pullule ! Il y en a des milliers et des milliers qui se disent médiums, voyants extra-lucides et qui font des réclames dans les journaux pour leurs horoscopes, leurs talismans et leurs bijoux qui vous apporteront tout, le bonheur, la richesse, l'amour, la chance. Moi je crois qu'il existe quelques grands clairvoyants dans le monde, mais la majorité, ne m'en parlez pas !

Personne ne croit autant que moi à la clairvoyance et je suis heureux que la science officielle commence à admettre qu'il existe sur la terre des créatures qui possèdent des facultés de perception extra-sensorielle et à les étudier. Mais en réalité, pour moi, la question n'est pas de douter ou de croire, mais de trouver les meilleures méthodes de

travail pour avancer dans la vie spirituelle… Les
meilleures, c'est-à-dire les moins dangereuses, les
plus efficaces, peut-être les plus longues, mais les
plus durables. Le malheur, c'est que les gens sont
pressés, ils n'ont ni la patience ni la confiance pour
s'engager sur une voie lumineuse, plus lente mais
plus sûre. Ils sont pressés, ils veulent devenir clairvoyants comme on devient pédicure ou manucure,
et dès qu'ils obtiennent un petit résultat, ils font
tout un tapage avec ça pour attirer des clients et
c'est ainsi qu'ils induisent beaucoup de gens en
erreur, profitant de ce que la foule n'a pas de discernement et avale tout.

Combien d'hommes et de femmes ont décidé
d'exercer la profession de clairvoyant, de médium,
parce qu'ils sont incapables de faire autre chose !
J'en ai connu beaucoup comme ça. Pendant des
années, je les ai vus essayer un métier, puis un
autre, mais rien ne marchait ; et un jour j'apprenais
qu'ils s'étaient installés comme clairvoyants, cartomanciens, radiesthésistes… J'étais stupéfait. On
vit n'importe comment, on ne pratique aucune discipline, et on est clairvoyant ! Sous prétexte qu'on
a donné par hasard quelquefois une ou deux
réponses justes ou fait quelques rêves prémoni-
toires, on se dit clairvoyant. Et il y en a, il y en a
comme ça ! Je ne dis pas qu'ils ne possèdent pas
quelques petites facultés et quelques petits dons
psychiques, si, un peu d'intuition, un peu de sen-

sibilité au monde invisible, mais surtout beaucoup d'habileté et de toupet. Ils ont compris que les humains ont besoin d'être rassurés, flattés, et alors ils leur disent ce qu'ils ont envie d'entendre.

Quelquefois même, ils ne voient rien, mais pour ne pas décevoir ceux qui viennent les consulter, pour ne pas perdre leur prestige, ou même tout simplement pour ne pas perdre d'argent, ils font des réponses vagues, en essayant de ne pas se compromettre. Il n'y a pas beaucoup de voyants honnêtes qui vous diront franchement : « Excusez-moi, mais aujourd'hui je ne peux rien vous dire, je ne vois rien, revenez une autre fois. » Non, non, ils font semblant. Au début, bien sûr, les gens doutent peut-être un peu de ce qu'on leur raconte. Mais ça leur fait tellement plaisir de s'entendre dire qu'ils vont enfin trouver l'homme ou la femme de leur vie, recevoir un héritage ou satisfaire toutes leurs ambitions ! Et si ça n'arrive pas, ça ne fait rien, ils espèrent toujours… Tandis que celui qui leur prédira qu'ils vont avoir à affronter des difficultés, des épreuves, ils n'ont plus envie de le consulter, même si cela se réalise : ils ont l'impression que ce clairvoyant n'est pas bénéfique pour eux et ils retournent vers celui qui leur prédit tous les succès. Si les magnifiques prédictions ne se réalisent pas, ils vont à nouveau le voir pour lui demander ce qui s'est passé. « C'est simplement retardé à cause de telle ou telle position des astres », dit le clairvoyant, pour les rassurer, « mais ça va venir, patientez »… Et voilà de nouveau l'espérance, de nouveau la joie.

Eh oui, c'est comme ça… Alors, qui est fautif ? Ceux qui vont consulter des clairvoyants d'abord, bien sûr. Puisqu'ils ont tellement besoin qu'on leur raconte des histoires, ils trouveront toujours des personnes très bonnes, très charitables, qui se feront un plaisir de leur en raconter. Quant à ces soi-disant clairvoyants qui prétendent conseiller les autres, répondre à leurs questions sur le passé, le présent, l'avenir et résoudre leurs problèmes, comment ne sentent-ils pas qu'ils risquent d'égarer les gens ? Quelle responsabilité ! Et pourquoi font-ils ça ? Pour l'argent ? Pour le prestige ?… Eh bien, il faut qu'ils sachent que le monde invisible n'aime pas qu'on se serve ainsi de lui et qu'il les punira.

Je le répète, je ne nie pas que certaines personnes aient un don, bien sûr, mais ce don ne les met pas à l'abri des faiblesses, et il ne les protège pas non plus des entités ténébreuses qui viennent visiter justement tous ceux qui ne savent pas résister aux tentations, aux convoitises. On peut être clairvoyant et à côté de cela se manifester comme un être d'une moralité douteuse. Comme on peut être aussi poète, musicien ou philosophe, et vivre à peu près comme un animal. Certains ont un don de clairvoyance parce qu'ils ont dû dans une autre incarnation faire des efforts nécessaires pour l'obtenir ; et maintenant ils se laissent aller à leurs tendances inférieures, alors tout marche ensemble : leurs faiblesses, leurs vices et leur don de clairvoyance. Jusqu'au moment où ils perdront ce don, comme perdront aussi leur don de poète, de musicien ou de philosophe tous ceux qui n'auront pas su travailler intérieurement pour les conserver. D'ailleurs, le don de ces clairvoyants ne peut pas être bien remarquable s'ils n'ont pas d'autres qualités. Alors, attention, si vous voulez absolument consulter des clairvoyants, au moins que ce ne soit pas n'importe qui.

Maintenant, je voudrais aussi attirer votre attention sur un point : beaucoup de gens vont consulter des clairvoyants et leur posent des questions dont ils pourraient trouver la réponse eux-mêmes si seulement ils faisaient appel à leurs propres intelligence, jugement et bon sens. Combien d'indices ils ont là devant eux, sous leurs yeux, mais ils ne les voient pas, ils ne les entendent pas, et pour être éclairés ils iront consulter clairvoyants, radiesthésistes, cartomanciens. Mais à quoi cela sert-il que le Seigneur ait donné à chacun des yeux, des oreilles, un cerveau, si c'est toujours pour aller interroger les autres ?

Et d'ailleurs, pourquoi va-t-on ainsi interroger les autres ? Pour connaître la vérité ? Pas du tout, et même souvent c'est le contraire : on les interroge pour être encouragé à mal faire. Par exemple, combien d'hommes et de femmes mariés qui ont envie de se séparer de leur conjoint pour vivre avec quelqu'un d'autre qui leur plaît davantage, iront consulter une clairvoyante, avec l'espoir qu'elle leur dira : « Oui, oui, vous faites bien, c'est là que le bonheur vous attend. » Et d'ailleurs c'est le plus souvent ce que répond la soi-disant clairvoyante. Alors que s'ils consultaient une autre clairvoyante, la vraie celle-là, la seule qui voit vraiment clair, leur nature supérieure, ils pourraient entendre sa voix qui leur dirait : « Mon enfant, attention, c'est grave d'abandonner une famille, tu as des devoirs envers elle. Réfléchis bien, tu le regretteras peut-être un jour. » Mais ils n'ont aucun désir d'entendre cette voix intérieure, ils préfèrent celle de n'importe quelle personne étrangère à condition qu'elle les encourage à satisfaire leurs désirs.[1]

Certains diront : « Mais nous avons besoin de consulter des clairvoyants pour connaître notre avenir, car on ne sait jamais ce que réserve l'avenir et on est inquiet, c'est cela qui nous préoccupe. » D'accord, mais pour connaître votre avenir vous n'avez pas besoin de clairvoyants. C'est tellement facile de connaître son avenir ! Évidemment, pas en ce qui concerne la profession, le mariage, les gains ou les pertes d'argent, qui ne sont d'ailleurs pas ce qu'il y a de plus important. Mais l'essentiel, c'est-à-dire savoir si vous avancerez sur le chemin de l'évolution, si vous serez libre, heureux, dans la lumière, dans la paix ou non, là, oui, c'est très facile et je peux vous le montrer.

Si vous avez un amour irrésistible envers tout ce qui est grand, noble, juste, beau, si vous travaillez de tout votre cœur, de toute votre pensée, de toute votre volonté pour l'atteindre et le réaliser, votre avenir est tout tracé : vous vivrez un jour dans des conditions qui correspondent à vos aspirations, à votre idéal. Voilà l'essentiel à savoir sur votre avenir. Tout le reste : les possessions, la gloire, les relations avec tel homme ou telle femme, et même la santé, c'est secondaire parce que c'est passager, cela peut vous être donné et repris. Il ne vous restera véritablement un jour que ce qui correspond exactement aux aspirations de votre âme et de votre esprit.

Si la plupart des humains n'ont qu'une destinée médiocre, c'est qu'ils ne savent pas maintenir en eux la bonne orientation : ils oscillent entre la lumière et les ténèbres et leur avenir est toujours incertain. Tâchez donc désormais de canaliser toutes vos énergies et de les orienter vers ce monde lumineux de l'harmonie, de l'amour : le monde divin. Même s'il y a de temps en temps quelques ombres qui apparaissent, cela ne durera pas ; dans la mesure où vous maintenez dans votre esprit la bonne orientation, il arrivera un jour où vous ne dévierez plus. Voilà l'essentiel, et moi je ne m'occupe que de l'essentiel : pour savoir le reste, allez consulter qui vous voudrez mais dites-vous bien que ce ne sera jamais l'essentiel.

En tout cas, sachez que vous n'obtiendrez rien d'autre que vous n'ayez préalablement préparé. Oui, c'est mathématique. Si vous avez, par exemple, les trois lettres, a, b, c, les combinaisons que vous pouvez faire avec elles sont limitées : ab, ac, ba, bc, ca, cb. Donc, six combinaisons, pas plus. Si vous avez telle qualité ou tel défaut, tel talent ou telle lacune, les situations qui en résulteront pour vous refléteront exactement les combinaisons de ces éléments, inutile d'aller chercher ou espérer autre chose.

C'est d'ailleurs de cette façon que s'explique la question de la grâce. Telle qu'elle est présentée dans la religion chrétienne, cette question n'est pas claire du tout. On a l'impression que, par le seul caprice du Ciel, les uns sont visités par la grâce et les autres non, ce qui fait qu'on ne sait jamais pourquoi ni comment la grâce peut toucher les uns et être refusée aux autres, et cela a créé une grande confusion ou même des sentiments de révolte chez les chrétiens. En réalité, la grâce ne va toucher que celui qui le mérite. Seulement cette question ne peut être réellement comprise qu'à la lumière de la réincarnation, c'est-à-dire si on admet que chaque être humain reçoit dans cette existence ce qu'il mérite d'après sa conduite dans ses existences antérieures. Celui qui a déjà donné dans d'autres vies des preuves de résistance, de noblesse, d'amour, de sens du sacrifice, évidemment le Ciel lui accorde sa grâce et lui confie de hautes missions.[2]

Donc, voilà, la destinée humaine est régie par des lois précises, mathématiques. Il faut comprendre cela : votre avenir dépend de l'orientation que vous donnez maintenant à votre vie. De même, ce que vous êtes maintenant est le résultat de ce que vous avez fait dans le passé. C'est pourquoi il n'est pas tellement utile non plus d'aller consulter des clairvoyants pour connaître vos vies antérieures, car qu'espérez-vous apprendre ?… Certaines personnes sont venues me rapporter ce que des clairvoyants leur avaient dit sur leur passé et là encore j'étais stupéfait ! Un homme doux, gentil, humble, qui n'aurait jamais fait de mal à une mouche, j'apprenais qu'il avait été Napoléon. Oh là là, quelle transformation rapide ! Et un autre, tellement limité intellectuellement, avait été Shakespeare… Je veux bien, mais c'est un peu invraisemblable. D'ailleurs, si vous saviez toutes les personnes qui sont venues se présenter à moi comme des réincarnations de saints, de saintes, de génies, de rois, de reines, de pharaons, d'Initiés ! Moi aussi, des clairvoyants m'ont fait des révélations. Je ne vous dirai pas ce qu'ils ont trouvé à mon sujet, mais seulement que certains sont allés

jusqu'à découvrir qui avait été ma femme, ma mère
ou mes filles dans d'autres vies. Ce qui est extraordinaire, c'est que maintenant je ne me sens plus
aucune affinité avec ces personnes-là, j'ai tout
oublié ! Aussi, souvent je me pose la question :
pourquoi je n'arrive pas à reconnaître les miens ?
J'ai des affinités avec certains dont on ne m'a
jamais dit qu'ils avaient été mes parents ou mes
enfants, et voilà que tout à coup, on m'en présente
d'autres en me disant qu'ils ont été mes fils, mes
filles, ma femme, ma mère…

Là encore, comprenez bien, je ne veux pas dire
qu'on ne doive rien croire de ces choses-là, non, il
y a souvent une part de vérité. Quand un être est
sensible et psychiquement développé, il capte certains messages de l'invisible, mais il est rare qu'il
ne se glisse pas d'erreur dans ce qu'il a cru capter
et alors il vous raconte un mélange inextricable de
vrai et de faux. Pour savoir à quoi s'en tenir, il faudrait pouvoir vérifier. Mais d'ailleurs, est-ce que
tout cela est vraiment utile ? À quoi cela peut-il
vous servir qu'on vous révèle votre passé ? Si
c'était vraiment souhaitable, j'aurais été le premier
à le faire. Or, justement je ne le fais pas. Évidemment, vous pouvez penser que je n'en suis pas
capable, qu'il me manque ces facultés que les
autres possèdent à la perfection. Eh bien, pensez
ce que vous voulez…

En tout cas, ce n'est ni psychologique ni péda-gogique de parler aux humains de leurs réincar-nations. Bien sûr, le moment viendra dans votre évolution où vous pourrez vous en occuper, mais il faudra d'abord que vous soyez un peu plus déve-loppé et maître de vous-même. Imaginez que l'on vous révèle que tel ou tel a été votre plus grand ennemi dans le passé, qu'il vous a assassiné. Si vous êtes faible, si vous ne savez pas vous contrô-ler, qu'est-ce que cela va donner ?... Donc ce sont des révélations dangereuses, elles risquent de vous troubler et d'éveiller en vous certains sentiments qui entraveront votre évolution. S'il était tellement important de connaître ses réincarnations, pour-quoi la Providence les cacherait-elle aux humains ? Si elle les leur a fait oublier, c'est qu'il doit y avoir une raison, non ?... Tout simplement pour éviter de nouveaux égarements.

Tant que vous ne vous doutez pas du mal que vous a fait telle ou telle personne, vous la suppor-tez, vous l'aidez. Si vous le saviez, comment vous conduiriez-vous ? Imaginez aussi un père et une mère qui apprendraient que leurs enfants ont été leurs pires ennemis dans une autre vie, quelle com-plication ! Il vaut donc mieux qu'ils ne le sachent pas, et ainsi ils les aiment, ils les élèvent et, en s'ac-quittant envers eux, ils paient leur karma. La Providence a voulu justement laisser les humains dans l'ignorance de certaines situations pour qu'ils puissent mieux s'acquitter de leurs dettes les uns envers les autres. Bien sûr, à un être très évolué, très maître de lui-même, on peut tout révéler sans danger, mais de tels êtres sont rares.

Alors, je vous le conseille, laissez vos réincarnations tranquilles, leur révélation ne vous apportera rien. Surtout si on doit vous raconter que vous avez été tel saint, tel prince, tel Initié, comme le font certains qui, pour vous mettre dans leur poche et obtenir ainsi votre aide ou votre argent, vous inventent des incarnations tellement magnifiques que vous êtes ébloui… et embobiné ! Oui, c'est ainsi qu'on embobine les gens. Quand on leur raconte des histoires pareilles, ce n'est pas pour leur bien, mais pour les mettre dans sa poche. Si vous voulez vraiment faire du bien aux êtres, il vaut mieux leur révéler leurs lacunes, leurs faiblesses, que de leur tourner la tête avec leur passé glorieux… surtout si ce n'est pas vrai ! Et même si c'est vrai, l'essentiel, c'est ce qu'ils sont maintenant, pas ce qu'ils étaient dans le passé. Pourquoi se gargariser toujours avec le passé ? C'est le présent qui est important, et dans le présent il y a toujours quelques lacunes à combler, quelques faiblesses à corriger.

Bien sûr, les gens n'aiment pas qu'on leur parle de leurs faiblesses, je le sais, mais justement c'est une raison de plus pour avoir le courage de le faire : cela prouve qu'on est désintéressé. Et c'est ce que fait un véritable Initié, un véritable Maître.[3] Quand, aux risques de perdre votre amitié, il vous secoue et vous dit des choses désagréables pour vous éviter de vous égarer, il se montre votre ami, votre véritable ami. Et si à ce moment-là vous ne comprenez pas, vous vous fâchez et vous le quittez… c'est très bien ! Car que peut faire un Maître avec quelqu'un de stupide qui ne demande que des compliments et des louanges ? Pour voir à qui il a affaire, un Maître commencera par vous parler de vos faiblesses, et ensuite, quand il verra comment vous réagissez, comment vous comprenez, il décidera s'il doit vous révéler des merveilles sur votre passé ou sur votre avenir.

Notes

1. Cf. *« Vous êtes des dieux »*, Partie II, chap. 5 : « La voix de la nature supérieure ».
2. Cf. *Le grain de sénevé*, Œuvres complètes, t. 4, chap. IV : « Si quelqu'un veut venir après moi, qu'il se charge de sa croix. »
3. Cf. *Qu'est-ce qu'un Maître spirituel ?*, Coll. Izvor n° 207, chap. VI : « Le Maître, miroir de vérité ».

VI

AIMEZ ET VOS YEUX S'OUVRIRONT

Souvent j'ai demandé à certains : « Pourquoi tenez-vous tellement à développer la clairvoyance ? » et ils me répondaient : « Mais pour aider tous ceux qui ont des problèmes et qui souffrent… Grâce à la clairvoyance, on peut les avertir, leur donner des conseils… » Eh bien, non, on n'aidera pas les humains en « voyant » leurs problèmes ou en les avertissant des dangers qui les menacent.

D'abord, vous le savez bien, ce n'est pas toujours parce qu'on les voit venir qu'on peut empêcher les événements de se réaliser. Et puis, je vous l'ai déjà dit, souvent dans la vie quotidienne il vaut mieux ne pas voir ce qui se passe dans la tête ou le cœur des gens. Oui, on ne peut pas les aider si on a les yeux trop ouverts, il est préférable souvent de ne rien voir. L'ignorance fait qu'on les aime encore, qu'on continue à être gentil avec eux et à vouloir leur faire du bien.

Ne croyez pas non plus que si, comme beaucoup de médiums, vous ressentez les douleurs ou les chagrins des gens, vous pourrez davantage leur venir en aide. Pour comprendre les autres et les aider, il n'est pas nécessaire de ressentir et de vivre exactement ce qu'ils vivent. Il est même préférable de ne pas le vivre, car c'est une forme de sympathie qui vous maintient le plus souvent dans le plan astral. Il vaut mieux essayer de s'élever jusqu'au plan mental pour réfléchir, raisonner. Si l'on est suffisamment attentif, si l'on sait écouter, observer à partir de quelques éléments que l'on découvre concernant les personnes, il est possible, en s'exerçant, de deviner ce qu'elles sont, ce qu'elles sentent, ce qu'elles pensent, ce dont elles ont besoin, sans en être soi-même affecté. Certains êtres ont ainsi une pénétration psychologique qui est une forme de clairvoyance. Lorsqu'on se contente de sentir sans comprendre et sans connaître, non seulement on est vulnérable, mais on ne peut pas être tellement utile aux autres.

Moi, je vous dirai que la vraie clairvoyance sur les êtres provient de la capacité de s'oublier un peu. Se prendre pour le centre du monde en faisant tout converger vers soi, ses intérêts, ses satisfactions au point que presque rien d'autre n'existe, c'est le plus sûr moyen de devenir ou de rester aveugle.

Beaucoup de problèmes et même des tragédies pourraient être évités dans les familles, si justement il y régnait un peu moins d'égoïsme. Voilà, par exemple, un mari qui, entièrement accaparé par ses ambitions professionnelles ou politiques, passe son temps hors de chez lui en voyage, en réunions. Quand il rentre fatigué, préoccupé, il embrasse distraitement sa femme et ne lui pose même pas de question sur elle, sur ses activités, ses soucis, ses désirs. Tellement pris par ses propres affaires, il ne voit pas qu'elle est en train de changer parce qu'elle aussi est fatiguée, elle s'ennuie, elle voudrait une autre vie que celle-là. Un soir, quand il rentre chez lui, il découvre, stupéfait, que sa femme est partie et il ne comprend pas. Alors, que va-t-il faire, ce mari aveugle ? Il ira voir une clairvoyante pour lui demander si sa femme reviendra ! Il avait tout sous les yeux pour voir ce qui risquait de se produire, mais il n'a rien vu, et maintenant c'est une clairvoyante qui doit voir à sa place !

D'autres fois, c'est le père et la mère qui, occupés avec leurs problèmes, ne voient pas ce qui se passe avec leurs enfants, jusqu'au jour où ils découvrent, épouvantés, qu'au lieu d'aller à l'école ces enfants traînent dans les rues ou les cinémas, participent à des trafics louches ou se droguent… S'ils avaient été un peu moins égocentriques, ils auraient senti les dangers que couraient leurs enfants.

Bien sûr, en m'entendant dire que, pour devenir clairvoyant, il faut s'occuper des autres, vous êtes déçu, vous espériez autre chose. Eh bien non, la méthode que je vous donne là est la meilleure, celle qui peut vraiment vous être utile : c'est d'écouter les autres, de les comprendre, de les respecter et de les aimer même, si vous le pouvez. C'est là véritablement que vous devenez perspicace, intuitif.

Lorsqu'un enfant est tout petit, il n'a pas d'autres préoccupations que de se nourrir, de toucher et s'approprier les objets qui l'entourent, d'attirer l'attention sur lui et dès qu'il n'obtient pas ce qu'il veut, il crie, il pleure, il tape du pied. L'enfant est un petit monstre d'égoïsme. Oui, mais à cet âge-là, c'est normal, c'est naturel. Les adultes, le père, la mère comprennent qu'on ne peut rien lui demander d'autre. Mais s'il garde ce même comportement quand il est plus grand, on le gronde, on lui donne même quelques tapes, car il faut qu'il change et cesse de ne penser qu'à lui. Plus tard, il éprouvera le besoin de former un couple, puis d'avoir des enfants… Pourquoi l'Intelligence cosmique a-t-elle arrangé les choses ainsi ? Pour amener les humains à s'occuper d'autres êtres qu'eux-mêmes, en commençant par un mari, une femme, et des enfants tout d'abord. Mais combien ont compris cette leçon que veut leur donner l'Intelligence cosmique ? Combien sont capables de s'oublier vraiment pour penser ne serait-ce qu'à leur famille ?

Quant à ceux qui y sont parvenus, ils doivent encore savoir que le cercle de la famille n'est pas le but à atteindre. Le but, c'est de penser à la collectivité. Le cercle familial est, bien sûr, le commencement de la collectivité : la famille aide l'individu à sortir de lui-même ; mais elle ne doit pas, à son tour, le limiter et l'accaparer entièrement. Chaque individu doit aller plus loin, voir plus large et essayer de penser à la grande famille de l'humanité. De même qu'il aime sa famille, le disciple s'efforce d'aimer tous les autres êtres comme s'ils faisaient aussi partie de cette famille. C'est alors qu'il sent s'éveiller une autre conscience, une autre vision : il devient clairvoyant, véritablement clairvoyant.[1]

La véritable clairvoyance, l'homme ne l'obtient que lorsque son cœur commence à aimer. Oui, la véritable clairvoyance, les yeux véritables se trouvent dans le cœur ; dans l'intellect aussi, mais plus encore dans le cœur. Lorsque vous aimez quelqu'un, que voyez-vous en lui ? Des choses qu'ordinairement personne ne voit. On dit que l'amour rend aveugle. Non, l'amour ouvre les yeux. L'homme qui aime une femme la trouve pareille à une divinité… et ne lui dites pas qu'il se trompe ! D'ailleurs, est-ce que vraiment il se trompe ? En apparence, oui. Mais en réalité si quelqu'un paraît exagérer les beautés de l'être qu'il aime, c'est qu'il le voit tel que Dieu l'a créé à l'origine, ou tel qu'il sera à la fin de son évolution, quand il retournera dans le sein de l'Éternel.

Alors, on n'a pas encore compris la puissance grandiose de l'amour : c'est l'amour qui ouvre les yeux. Si quelqu'un veut devenir clairvoyant, il faut qu'il commence par l'amour. Il faut que son cœur crie comme les aveugles de l'Évangile : *« Aie pitié de nous, Seigneur ! »* Et un jour la lumière cosmique viendra et demandera : « Que veux-tu que je fasse pour toi ? – Que mes yeux s'ouvrent ! – Bien. » Et vos yeux s'ouvriront.

Note
1. Cf. *L'amour et la sexualité*, Œuvres complètes, t. 15, chap. XXIX : « Vers la grande famille ».

VII

LES MESSAGES DU CIEL

Combien de gens se plaignent : « Je prie, je demande l'aide du Ciel, mais je ne reçois aucune réponse, le Ciel ne m'entend pas, il ne m'écoute pas. » Mais non, pas du tout, c'est eux seulement qui ne savent pas entendre les réponses.

Il faut savoir qu'il se produit dans notre organisme psychique les mêmes phénomènes que dans notre organisme physique. Celui qui respire un air qui n'est pas pur, qui mange une nourriture malsaine, introduit dans son organisme des impuretés que celui-ci ne parvient pas à éliminer, et les échanges ne se font plus correctement entre son corps physique et les forces de la nature. De la même façon, celui qui ne surveille jamais ses pensées, ses sentiments et ses actes, introduit des impuretés dans son organisme psychique et ces impuretés forment un écran opaque entre lui et le monde divin ; alors, évidemment, les communications sont coupées.[1]

Le monde divin répond à nos questions, il nous envoie continuellement des messages, mais pour les recevoir il faut se préparer, et se préparer signifie améliorer sa façon de vivre en travaillant sur ses pensées, ses sentiments et ses actes afin de les purifier.

Combien de personnes qui s'imaginaient avoir entendu la voix du Ciel ont été la proie des pires égarements ! Parce que la voix du Ciel était passée par le prisme déformant de leur nature inférieure. Combien de cas j'ai rencontrés dans ma vie ! Vraiment des cas terribles : des personnes qui venaient me dire ou me demander de la part du Ciel des choses complètement insensées. Et impossible de leur enlever leurs idées de la tête : c'était le Ciel qui les envoyait, et moi je devais obéir aux ordres du Ciel qu'elles me transmettaient. Comme, bien sûr, je n'obéissais pas, elles s'obstinaient jusqu'à en perdre presque la raison. J'étais triste de les voir ainsi, mais que faire ? Pour d'autres c'était moins grave, les voix du Ciel ne demandaient rien d'extravagant et je souriais en leur laissant penser que je les croyais.

La région inférieure de la lune, je vous l'ai déjà dit, est la région des brumes, c'est-à-dire des illusions, des égarements. Or, c'est précisément avec cette région inférieure de Iésod que sont en relation un grand nombre de soi-disant médiums, guérisseurs, radiesthésistes, clairvoyants, etc. Je ne dis pas qu'ils ne possèdent aucune faculté, mais ce que je critique chez la plupart, c'est leur prétention. Dès qu'ils se découvrent le moindre don dans ce domaine, au lieu de se dire qu'ils doivent travailler pour développer ce don, ils courent à droite et à gauche faire des prédictions et transmettre des messages du Ciel. Certains donnent même la date de la fin du monde et envoient des avertissements aux chefs d'État !

Vous allez me dire : « Mais comment, vous ne croyez pas que certains êtres reçoivent réellement des messages du Seigneur ? » Mais si, je le crois, seulement quand je compare tous ces messages adressés, paraît-il, par Dieu Lui-même, je suis obligé de constater combien ils sont contradictoires. Je veux bien qu'ils viennent de Dieu Lui-même, seulement on a plutôt l'impression qu'ils viennent de plusieurs dieux et, vous savez, il y a tellement d'entités dans le plan astral qui veulent jouer ce rôle ! L'être qui n'a pas de discernement est perdu, il tombe dans leurs pièges. Si c'était Dieu Lui-même qui parlait par la bouche de tous ces messagers, les messages auraient au moins la même teneur, le même style, la même sagesse, ils donneraient les mêmes genres de conseils. Mais voilà qu'à certains, le Seigneur adresse des paroles grandioses, sublimes, et à d'autres Il raconte des histoires puériles, ridicules ou même insensées… on a honte pour Lui !

Tous ces prophètes, médiums, guérisseurs et messagers du Ciel seraient surtout bien inspirés de commencer par s'instruire un peu pour mieux recevoir les messages et avoir un plus grand discernement. Avant de parler ou d'agir au nom du Seigneur, qu'ils vérifient d'où vient la voix qui leur parle. Avant de vouloir instruire ou guérir les autres, il est préférable de s'instruire soi-même, car si l'on n'a pas fait de bonnes études, il est très facile de tomber dans les illusions et de commettre des erreurs. Même les études de la science officielle sont dans certains cas absolument nécessaires. Comme les études de médecine, par exemple. Car si, sous prétexte qu'on croit avoir reçu comme ça tout d'un coup un don de guérisseur, on se met à soigner les gens, c'est très dangereux. Qu'il existe des êtres qui, grâce à la pratique de certaines vertus et un amour immense pour les humains, ont acquis un magnétisme qui leur permet d'agir bénéfiquement sur leur état physique, oui, c'est entendu, mais ils sont rares. Celui qui veut vraiment soigner les gens doit commencer par faire des études de médecine, sinon il risque de les rendre encore plus malades qu'ils ne sont. Je ne dis pas, bien sûr, que la médecine officielle soit idéale, car dans ses investigations, elle ne va souvent pas au-delà du corps physique, mais les connaissances qu'elle donne sont indispensables. Si vous voulez ensuite aller plus loin et orienter vos recherches dans d'autres domaines plus subtils, plus spirituels, c'est très bien, mais ne vous mettez jamais à soigner les gens sans étude et préparation préalables.[2] Là encore, les voix qui poussent certains dans ce sens ne viennent absolument pas du Ciel.

Les différentes disciplines prescrites par les religions du monde entier (retraite, jeûne, ablutions, prière) ont pour rôle de préparer les êtres à bien recevoir les courants et les messages du Ciel. En réalité, bien sûr, ce n'est pas l'acte lui-même de jeûner ou de faire une retraite qui est essentiel. L'essentiel, c'est d'entreprendre un travail intérieur de dépouillement, de purification : améliorer ses pensées, ses sentiments et ses actes. Celui qui n'est pas décidé à accomplir ce travail ferait mieux de ne pas s'occuper de spiritualité, sinon il deviendra un danger pour lui-même et pour les autres. Tant qu'on ne s'est pas débarrassé de tous ses préjugés, ses partis pris, ses tendances inférieures, il n'y a rien de pire que de se prendre pour un messager du Ciel, un instrument du Ciel. On a vu comme ça des gens qui ont fini par devenir des bourreaux de leur famille ou même de leur peuple. Seul celui qui est véritablement pur et désintéressé peut prétendre être un messager du Ciel.

Tout dans la nature souligne cette loi : pour que la vie passe, pour que la lumière passe, pour que les courants célestes passent, il faut libérer le chemin. Pourquoi les pierres précieuses sont-elles si appréciées ? Parce qu'elles sont transparentes, parce qu'elles laissent passer la lumière… Et si la nature a réussi à travailler aussi formidablement sur certains matériaux, à les affiner, les purifier, les colorer pour en faire ces merveilles que nous admirons aujourd'hui : cristal, diamant, saphir, émeraude, topaze, rubis, pourquoi l'être humain n'arriverait-il pas à faire ce même travail en lui-même ? Que

sont la prière et la méditation ? Justement des activités grâce auxquelles l'homme parvient à tout
purifier et illuminer en lui-même jusqu'au jour où
il deviendra comme une pierre précieuse. Et le
Seigneur, qui apprécie les pierres précieuses, le
met sur sa couronne. C'est symbolique, bien sûr,
mais c'est absolument réel. Combien parmi vous
pensent qu'ils ont ce travail à faire : devenir une
pierre précieuse ? Pas beaucoup.[3]

Quant à la majorité des humains, n'en parlons
pas : pour eux, l'essentiel, c'est de réussir maté-
riellement, de goûter tous les plaisirs, de satisfaire
leurs ambitions, et la purification est à la dernière
place. Ils passent leur temps à s'obscurcir, se salir,
et ensuite ils sont étonnés de se retrouver dans des
états déplorables. C'est parce qu'ils vivent une vie
impure, tout simplement, et ils ne savent même pas
ce qui est pur et ce qui est impur. Pourtant, c'est la
première chose qu'il faut connaître afin de pouvoir
faire un triage. Le triage, tout le monde le fait
chaque jour pour la nourriture en enlevant, selon
les aliments, les arêtes, la peau, les pépins, le noyau
ou quelque autre partie non comestible. Eh bien,
il faut apprendre à le faire aussi pour cette autre
nourriture que sont les pensées et les sentiments,
afin d'en éliminer tous les éléments d'égoïsme,
d'agressivité, d'injustice. Voilà la tâche la plus
importante pour le disciple, et du moment que c'est
la tâche la plus importante, il faut lui consacrer

beaucoup de temps tous les jours. Le reste n'a aucune importance à côté de la question du triage des pensées et des sentiments. Car toutes vos activités seront empoisonnées tant que cette question n'aura pas été correctement réglée.

Tous ceux qui ne travaillent pas véritablement à transformer leur façon de vivre, qui continuent à se laisser tirailler par leurs désirs inférieurs, sans jamais rien entreprendre pour les maîtriser, même s'ils demandent au Ciel de les éclairer, la réponse qu'ils recevront sera mensongère. Vous direz que certains clairvoyants qui ont un don réel mènent pourtant une vie désordonnée. Oui, c'est vrai, dans d'autres incarnations ils avaient certainement fait des efforts nécessaires pour développer cette qualité, et même si maintenant ils se sont relâchés, ils la possèdent toujours, car on ne perd pas du jour au lendemain une faculté qu'on a longtemps travaillé à acquérir ; mais s'ils ne se redressent pas, ils la perdront. Et c'est vrai aussi pour tous les autres dons ou qualités. Si on veut les conserver, il ne faut pas vivre n'importe comment.

Chaque jour le Ciel nous parle, il nous envoie des messages, mais ces messages, qui arrivent d'un espace dont la matière est extrêmement subtile, doivent traverser toutes les couches impures que nous avons accumulées autour de nous, et ils subissent des déformations. Prenez un bâton, plongez-le dans un récipient d'eau aux parois transparentes et observez : à l'endroit précis où il pénètre dans l'eau, le bâton semble brisé. C'est la différence de densité entre l'air et l'eau qui produit cet effet de déformation. Il en est de même dans le plan psychique : plus les choses doivent descendre dans une matière dense, plus elles y seront déformées. Pour les connaître dans leur vérité, il faut pouvoir s'élever par la pensée jusqu'au monde subtil d'où elles sont issues. Un cerveau épais ne peut pas recevoir les vérités sublimes du Ciel.

Faites donc des efforts pour vous purifier, vous dépouiller, vous ennoblir : à ce moment-là, seulement à ce moment-là, vous recevrez du Ciel des réponses claires, limpides, véridiques. Sinon, il y a tellement de risques d'erreurs qu'il vaut mieux ne pas écouter ce que vous recevez. Mais même si le monde contemporain a mis l'intellect, le plan physique, la matière à la première place, en réalité beaucoup d'êtres ont un certain don de médiumnité, de clairvoyance, et c'est vrai qu'ils captent des éléments du monde invisible ; mais ce sont des éléments très mélangés auxquels il vaut mieux ne pas se fier. Seules la pureté, la noblesse, l'harmonie qui émanent d'un médium peuvent témoigner de sa véracité.

Notes
1. Cf. *La pierre philosophale – des Évangiles aux traités alchimiques*, Coll. Izvor n° 241, chap. II : « Ce n'est pas ce qui entre dans la bouche qui peut souiller l'homme ».
2. Cf. *L'amour plus grand que la foi*, Coll. Izvor n° 239, chap. IV : « Ta foi t'a sauvé ».
3. Cf. *Le Verseau et l'avènement de l'Âge d'Or*, Œuvres complètes, t. 26, chap. VI : « La Jérusalem nouvelle ».

VIII

LUMIÈRE VISIBLE ET LUMIÈRE INVISIBLE :
« SVÉTLINA » ET « VIDÉLINA »

Quand on lit le livre de la Genèse, on découvre que le premier événement de la création fut l'apparition de la lumière.[1] Le premier jour, Dieu dit : « *Que la lumière soit !* » La lumière a donc été la première créature que Dieu fit sortir du chaos. Le deuxième jour, Dieu sépara les eaux d'en haut des eaux d'en bas. Le troisième jour, Il rassembla les eaux en un seul lieu pour faire place à la terre, afin qu'elle produise des semences. Et c'est le quatrième jour qu'Il créa le soleil, la lune et les étoiles… Mais alors, quelle était cette lumière créée au premier jour, s'il n'y avait pas encore le soleil ? C'était la lumière primordiale qui n'est pas celle du soleil que nous voyons et grâce à laquelle nous avons aussi la possibilité de voir.

Il existe donc en réalité deux sortes de lumière : la lumière visible et la lumière invisible qui est la quintessence de la création. Certaines langues d'ailleurs, donnent à ces deux sortes de lumière un nom différent. C'est ainsi qu'en bulgare, par exemple, il y a deux mots : « svétlina » et « vidé-

lina ». Le mot « svétlina » désigne la lumière physique et il est formé sur la racine du verbe qui signifie briller. Le mot « vidélina » désigne la lumière
spirituelle et il est formé sur la racine du verbe qui
signifie voir. Car seule la lumière spirituelle peut
nous donner la véritable vision. Et puisque c'est
par elle que le monde a été créé, c'est elle qui nous
révèle les secrets de la création.

Au quatrième jour, au moment où Dieu a créé
le soleil, la lune et les étoiles, est donc apparue
« svétlina » qui n'est qu'une manifestation plus
matérielle de « vidélina ». Et le soleil, qui n'est pas
en réalité une boule de feu comme on l'imagine,
mais une entité vivante, une créature douée de
conscience, le soleil reçoit cette lumière subtile,
invisible, « vidélina », et la transforme en lumière
visible, « svétlina », grâce à laquelle il éclaire l'univers. C'est « vidélina » qui, en se matérialisant,
produit « svétlina », la lumière physique.

Comme cette lumière, « vidélina », est la
matière même de la création, elle est diffusée à travers l'espace et pénètre toute chose. L'homme ne
la voit pas encore, il ne la sent pas parce qu'il n'est
pas encore assez développé spirituellement pour
percevoir une réalité aussi subtile, mais en se
concentrant souvent sur cette lumière, en méditant
sur elle, il peut affiner tellement ses perceptions que
non seulement il commence à la sentir, mais il l'at-
tire à lui et peu à peu elle imprègne tout son être.

Le Christ a dit : « *Je suis la lumière du monde* ». La lumière du monde, c'est le soleil. Mais le Christ est plus que le soleil, et c'est là qu'il faut comprendre justement qu'au-delà de la lumière visible du soleil physique, il existe une autre lumière qui est la véritable lumière du soleil, l'esprit du soleil : « vidélina ». C'est de cette lumière que parlait Jésus et à laquelle il s'identifiait. Et de même que la lumière matérielle, « svétlina », nous permet de voir les objets du plan physique avec nos yeux physiques, la lumière intérieure, la lumière du Christ, « vidélina », nous donne accès au monde divin. Nous devons apprendre ce qu'est cette lumière, comment vivre avec elle, en elle, chaque jour travailler à en saisir d'infimes particules et les condenser en nous, jusqu'au moment où nous serons capables de les projeter comme des rayons sur les objets et les êtres du monde invisible, qui nous apparaîtront alors dans leur réalité sublime.

À l'origine, au commencement de toute chose, il y a la lumière. Et la lumière, c'est le Christ, l'Esprit solaire. L'Esprit du Christ se manifeste d'abord dans la séphira *Hohmah*, la première gloire. Il est le Verbe dont saint Jean dit dans son *Évangile* que « *rien n'a été fait sans lui* »[2]. Il se manifeste sous un autre aspect dans la séphira *Tiphéreth*, le soleil. *Tiphéreth* a donc ses racines dans *Hohmah* où brille « vidélina », la lumière divine.

Lorsque vous allez voir le matin le soleil se lever, pensez qu'en vous liant à lui, c'est à son esprit que vous vous liez. Oui, à l'esprit du soleil qui est l'esprit du Christ, une émanation de Dieu Lui-même. Vous exposer au soleil, le regarder ne suffit pas ; pour entrer véritablement en contact avec la quintessence de sa lumière, il faut que ce soit votre esprit qui puisse s'exposer, se lier à lui, se fusionner avec lui. Au moment où vous vous plongez dans le monde de la lumière, quelques particules de cette lumière pénètrent en vous et vous recevez la révélation de la splendeur divine.

Notes
1. Cf. « *Cherchez le Royaume de Dieu et sa Justice* », Partie II, chap. 1-II : « Que la lumière soit ! ».
2. Op. cit., partie II, chap. 2-II : « Au commencement était le Verbe ».

IX

LES DEGRÉS SUPÉRIEURS
DE LA CLAIRVOYANCE

Avez-vous déjà réfléchi sur le fait que, pour que nous puissions voir tout ce qui existe autour de nous, il faut que des rayons lumineux viennent frapper les objets ou les êtres pour nous les rendre visibles ? Certains ont appelé le soleil la lampe de l'univers pour exprimer l'idée que c'est grâce à lui que le monde est éclairé et que nous voyons tout ce qui nous entoure. Et quand nous ne pouvons pas être éclairés par le soleil, nous avons besoin d'une autre source de lumière : ampoules électriques, bougies, lampes de poche, phares…

Les objets ne sont donc visibles que dans la mesure où la lumière tombe sur eux et les éclaire, c'est une loi du monde physique et c'est aussi une loi du monde spirituel. Mais dans le monde spirituel, il n'y a pas de lampes que nous puissions allumer comme nous allumons la lampe de notre escalier ou de notre chambre. Si nous voulons y voir, c'est nous qui devons projeter une lumière de nous-mêmes. Voilà pourquoi si peu d'êtres sont capables

de voir dans le plan spirituel : parce qu'ils attendent que les objets soient éclairés. Ils ne savent pas
projeter eux-mêmes ces rayons qui leur permettront de voir. En réalité, tous les objets des plans
astral, mental, causal, etc., émettent de la lumière,
mais leur rayonnement ne peut être capté par nos
yeux physiques. Et c'est donc à nous de développer nos organes subtils, d'allumer nos lampes intérieures pour projeter des rayons qui, en tombant à
la surface des objets ou des créatures, les rendront
visibles.

Il existe plusieurs formes de vision que l'on
nomme différemment suivant les plans auxquels
elles s'appliquent. Au niveau le plus élevé se manifeste la vision de l'esprit que l'on appelle intuition.
Cette vision n'est pas matérielle, bien sûr, et
l'homme n'a souvent même pas conscience qu'il
voit. Mais en réalité, il voit. Quand il reçoit soudain la révélation d'une vérité supérieure, divine,
c'est qu'il est parvenu à projeter très loin, très haut,
des rayons de lui-même qui lui font voir dans l'univers des lois, des correspondances, une structure.
C'est la lumière de l'esprit qui éclaire la réalité
divine et permet de la comprendre.

À un autre niveau, la vision s'appelle sensation, car la sensation vient aussi d'une sorte de
rayonnement que vous projetez sur les objets ou
les créatures. Du moment que vous les sentez, vous
vibrez à l'unisson avec eux, vous prenez cons-

cience de leur existence, de leur présence, et c'est comme si vous les voyiez.

Enfin, il existe une troisième forme de vision qui consiste à saisir, dans le plan éthérique, dans le plan astral, l'existence de lueurs, de couleurs, d'objets, d'entités qui se déplacent. Mais en général, ceux qui ont ces visions ne comprennent pas ce qu'ils voient, ils ne savent pas les interpréter, il faut qu'on les y aide, ou s'ils les interprètent, ils font souvent des erreurs. Donc, cette voyance ne sert pas à grand-chose, souvent même elle arrête les êtres dans leur évolution.

Il y a donc des degrés et des degrés dans la vision. Le degré le plus élevé, c'est l'intuition, qui est à la fois une compréhension et une sensation du monde divin. C'est par là qu'il faut commencer et ensuite, armé de cette compréhension et de cette sensation supérieures, descendre jusqu'à la vision des plans éthérique et astral afin de les parcourir et de les étudier.

En réalité, on peut dire qu'il existe deux écoles: l'une qui enseigne à développer la clairvoyance en commençant par les plans inférieurs pour parvenir progressivement jusqu'à la vision céleste, l'autre qui enseigne d'abord à se tendre vers la Cause première, la Source de vie, Dieu Lui-même, pour descendre ensuite vers la matière. D'après moi, c'est cette méthode qui est préférable: elle comporte moins de dangers car, lorsque vous avez votre pensée et votre cœur concentrés sur le Seigneur, c'est Lui qui vous permet de connaître toutes les régions de l'univers et d'y travailler sans risques. Et même si vous voulez connaître l'Enfer avec les esprits qui l'habitent, c'est Dieu Lui-même qui vous le montrera sous sa protection.

Vous direz : « Mais pourquoi parlez-vous de connaître l'Enfer ? » Pour parvenir au sommet de l'évolution, les grands Initiés sont obligés de descendre jusqu'en Enfer. S'ils évitent l'Enfer par crainte de ce qui les menace, ils ont des lacunes, ils n'ont pas la connaissance totale de la création. Bien sûr, avant de descendre, ils doivent avoir développé certaines qualités indispensables : le savoir, la force, la maîtrise... et surtout ils doivent posséder une aura puissante qui les protège. Les esprits inférieurs et même les démons tremblent devant l'Initié parce qu'ils sentent qu'il a le feu, il a la foudre. C'est pourquoi ils se tiennent à distance tandis qu'il parcourt ces régions où lui sont révélés la nature et les manifestations du mal, les lois du karma et les châtiments infligés aux créatures qui ont transgressé les règles divines. Jésus lui-même est descendu aux Enfers où il a libéré des âmes.

Ceux qui veulent développer la clairvoyance en commençant par les plans inférieurs utilisent parfois des drogues pour exciter certains centres psychiques et c'est très dangereux. D'abord ces drogues attaquent le système nerveux, et ensuite, les créatures qui habitent les régions des plans éthérique et astral n'aiment pas être vues et observées, et elles sont souvent très hostiles à ceux qui les dérangent. C'est pourquoi elles font tout pour les égarer et les tourmenter afin de les obliger à retourner en arrière. C'est ainsi que des milliers de personnes sont les victimes de quelques bribes de connaissances qu'elles ont puisées dans des livres. Ceux qui cherchent à pénétrer dans ces régions sans avoir développé des moyens de défense efficaces comme la lumière et la maîtrise, non seulement sont exposés à des puissances ennemies, mais ils sont ralentis dans leur évolution.

Un véritable Initié sait qu'en travaillant inlassablement à se purifier, à développer la sagesse, l'amour, la maîtrise de soi, il atteindra un jour le sommet. Et une fois qu'il est arrivé au sommet, la matière de son être est tellement épurée qu'elle s'imprègne de la quintessence même de l'Âme universelle. Cette quintessence sur laquelle tout s'enregistre lui donne la possibilité de voir et de sentir ce qu'il désire connaître. C'est ainsi que, par son travail, il a obtenu la puissance mais aussi la clairvoyance.

D'ailleurs, on le voit bien, la clairvoyance des médiums se limite toujours plus ou moins au plan astral, elle est incapable de percer les mystères de l'univers. Quand on demande à un médium d'atteindre des régions très éloignées pour répondre à des questions d'ordre spirituel, cosmique, la plupart du temps il n'en est pas capable. Eh bien, une clairvoyance qui ne peut pas servir à l'élévation de l'être humain n'a aucun intérêt pour un véritable spiritualiste. C'est pourquoi il ne s'y arrête pas, et c'est même en fermant les yeux qu'il traverse ces régions du plan astral.

Donc, comprenez-moi bien, car tout cela est très sérieux : avant de vous lancer dans toutes sortes d'expériences psychiques qui peuvent être très dangereuses pour vous, exercez-vous d'abord à devenir Maître de vous-même, à surveiller vos désirs, vos aspirations. À ce moment-là, vous êtes sûr que, même exposé à des dangers, vous saurez vous défendre. Mais si vous ne vous êtes pas exercé, vous serez vulnérable, et il ne vous restera qu'à pousser des cris, à aller partout vous lamenter de ce qui vous arrive. Combien de lettres je reçois de gens qui me racontent qu'ils sont poursuivis par des monstres, qu'ils vivent dans l'Enfer et, évidemment, ils se demandent comment cela leur est arrivé. C'est pourtant simple : en cherchant à pénétrer dans le monde astral pour des raisons « pas très catholiques », la curiosité, les convoitises, ils ont attiré des entités qui les font réellement vivre dans l'Enfer. Car c'est cela l'Enfer : le monde astral inférieur.

Dans l'École divine, on enseigne au disciple qu'il doit se préoccuper d'abord d'avoir des racines solides, sans lesquelles il sera exposé aux tremblements de terre, aux tornades, aux cyclones. Or, les véritables racines de l'homme sont dans le Ciel, c'est pourquoi le disciple doit tout d'abord se lier au Créateur, à la pure lumière céleste, afin d'enfoncer profondément ses racines dans le monde divin. Ainsi, lorsqu'il descendra pour explorer les autres régions, il aura un point de suspension tellement solide, il sera tellement bien accroché au Ciel qu'aucune force hostile ne sera capable de l'ébranler. Oui, l'essentiel, c'est d'enfoncer profondément ses racines dans le Ciel.[1]

Commencez donc par vous développer dans le monde de l'esprit et de l'âme, et après seulement, vous descendrez dans le plan astral pour voir les esprits de la nature et toutes les entités qui y travaillent. Il n'y a plus alors de danger, tous ceux qui n'aiment pas être vus, qui n'aiment pas être observés, ne peuvent rien faire contre vous : ils voient que vous êtes une puissance, quelque chose de formidable et alors, non seulement ils n'osent pas se mesurer avec vous, mais ils commencent au contraire à vous obéir et, grâce à leur aide, vous pouvez entreprendre de grands travaux spirituels.

Je vous l'ai déjà dit, c'est vous qui, par votre vie spirituelle, devez projeter la lumière qui vous permettra de voir des objets et des créatures du monde invisible. Si cette lumière est obscurcie par vos pensées et vos sentiments inférieurs, vous ne verrez jamais que ce qui correspond à ces pensées et ces sentiments. La clairvoyance est donnée à chacun en fonction de son degré d'évolution, et si vous pataugez encore dans les régions inférieures du plan astral, vous ne rencontrerez que les entités qui peuplent ces régions, comme des tas de bêtes qui grouillent, des monstres qui se dévorent, des fauves qui se déchirent, et vous souffrirez.

Il ne faut pas croire que, parce qu'un homme ou une femme possède des qualités médiumniques, il peut avoir accès à toutes les régions du monde invisible. Non, dans la clairvoyance, il y a des degrés qui correspondent au degré de pureté que le clairvoyant a réussi à atteindre : plus il se purifie, plus il voit les régions célestes. Voilà pourquoi il n'est pas souhaitable de devenir clairvoyant si l'on n'est pas pur et capable de se maîtriser.

Si vous voulez entrer en communication avec les entités célestes, voir la splendeur divine, vous devez vous purifier, élargir votre conscience et travailler pour le plus haut idéal : la fraternité entre les hommes, le Royaume de Dieu. À ce moment-là, vos émanations deviendront plus pures, vos vibrations plus subtiles, et non seulement les esprits lumineux vous laisseront accéder jusqu'à eux, mais ils viendront vous visiter, car ils trouveront en vous leur nourriture.

Vous ne développerez la vraie clairvoyance qu'en vous élevant jusqu'au sommet de votre être : votre Moi supérieur. Chaque jour, pensez que vous parvenez à vous élever jusqu'à lui, que vous vous identifiez à lui : vous vous tenez là au sommet, et de là-haut, vous plongez votre regard dans l'univers… Comme votre Moi supérieur a la possibilité de tout pénétrer, de tout connaître, peu à peu beaucoup de choses que vous avez saisies sans vous en rendre compte arriveront à descendre jusque dans votre conscience, et vous serez ébloui de tout ce que vous vous sentirez soudain capable de découvrir et de comprendre.

La meilleure vision est celle que vous donneront les yeux de l'esprit. Bien sûr, au début, en apparence vous ne verrez rien, vous ne saisirez rien, mais vous préparerez le terrain de la vraie clairvoyance.

Note
1. Cf. « *En esprit et en vérité* », Coll. Izvor n° 235, chap. III : « Le lien avec le centre ».

X

L'ŒIL SPIRITUEL

Beaucoup de malheurs qui arrivent aux humains viennent de ce que leur œil intérieur ne les a pas prévenus des dangers qu'ils couraient en prenant telle décision, en se lançant dans telle entreprise. Ils sont partis tranquillement sans rien voir et se sont jetés droit dans les difficultés. S'ils avaient su développer leur œil intérieur, il les aurait avertis, car cet œil que l'on appelle quelquefois le troisième œil est comme un radar : il envoie des ondes qui, en revenant, nous préviennent des obstacles qui se présentent sur notre route. Mais souvent ce radar est en panne parce que la vie désordonnée qu'on a menée s'oppose à son bon fonctionnement.

Il est vrai qu'il y a des cas où cet œil spirituel, même développé, ne nous prévient pas : c'est lorsque certains événements sont déterminés d'avance par le karma, par les Vingt-quatre Vieillards, et qu'ils doivent obligatoirement se réaliser.[1] Alors, même si nous les voyons ou les sentons venir, nous ne pouvons pas les éviter. Mais sinon, en général, si nous avons su lui préparer les conditions, cet œil spirituel est là pour nous aider, nous avertir et surtout nous guider. Oui, mais à condition qu'il soit libéré de toutes ces couches opaques, de tous ces matériaux fluidiques qui se sont déposés sur lui. Il ne s'agit pas d'éléments physiques, mais d'émanations fluidiques formées par la personne elle-même, par sa façon de vivre, qui se sont accumulées autour d'elle et l'empêchent d'y voir clair, comme un brouillard ou un nuage de poussière.

Seule la pureté permet de développer l'intuition. C'est pourquoi, dans notre Enseignement, nous donnons une si grande importance à la pureté : vivre une vie pure, se nourrir d'aliments purs, respirer l'air pur, avoir des pensées pures, des sentiments purs. Et si nous allons toujours vers le soleil, c'est parce qu'il est l'image de la pureté. Sur la terre vous ne trouverez pas la vraie pureté, même dans l'eau des sources ou le cristal de roche. Seule la lumière du soleil s'approche de la pureté absolue, bien que, lorsqu'elle nous arrive après avoir traversé l'atmosphère terrestre, elle soit elle aussi chargée de nombreuses influences qui ont altéré son éclat.

La lumière divine est comparable à un fleuve qui naît dans les montagnes : à sa source il est pur, mais au fur et à mesure qu'il descend dans les vallées, dans les plaines, il reçoit toutes sortes de déchets, d'épluchures que jettent les habitants de ces régions, et lorsqu'il arrive au niveau de la mer, quelle différence avec la pureté qui était la sienne à l'origine ![2] Il en est à peu près de même avec les rayons du soleil : le soleil est une source, il fait jaillir sa lumière, mais en circulant à travers l'espace pour parvenir jusqu'à nous, ses rayons sont obligés de traverser des régions polluées ; c'est pourquoi, lorsqu'ils arrivent sur la terre, ils ne sont plus aussi purs que lorsqu'ils ont jailli du soleil. La véritable pureté, ce n'est qu'en haut, à la source, que vous la trouverez. Vous pouvez, bien sûr, commencer par la chercher dans l'eau d'un lac, le ciel bleu, les cristaux de neige qui sont un reflet lointain, très lointain, de la pureté céleste ; mais la véritable pureté, vous ne la trouverez qu'en vous élevant chaque jour par la pensée vers les régions de la lumière divine.

Toute la destinée de l'homme dépend de la pureté de son œil intérieur. Dès que vous commettez une faute, que vous transgressez les lois divines, votre vision spirituelle s'obscurcit, vous n'êtes plus averti ni guidé, vous vous enfoncez dans des complications inextricables. Tâchez de prendre enfin conscience de cette relation qui existe entre votre conduite quotidienne et la clarté de votre vision. Celui qui se décide à vivre une vie droite, honnête, noble, se purifie ; ses organes subtils commencent à fonctionner et c'est ainsi que, bien guidé, bien dirigé, il retrouve les sources, les prairies, les lacs, les pâturages et les montagnes de sa vraie Patrie.

De grands secrets sont cachés dans cette phrase de Jésus : « *Si ton œil est pur, tout ton corps sera éclairé.* » Beaucoup ont cru qu'il s'agissait des yeux du corps physique, mais du point de vue physiologique, c'est une absurdité : l'état du corps ne dépend pas de celui des yeux, les yeux physiques ne peuvent ni purifier ni salir le corps, cela n'a pas de sens ; ce sont les yeux, au contraire, qui dépendent de l'état du corps et, plus exactement, de la pureté du sang. De plus, Jésus n'a pas parlé des yeux, mais d'un œil : « *Si ton œil est pur...* » C'est donc bien qu'il ne parlait pas des yeux physiques, mais de cet œil spirituel qui conseille l'homme, qui lui indique par où passer, avec qui se lier, comment agir, comment se nourrir dans le plan physique et surtout dans le plan psychique, afin d'éviter de mêler à son sang, à ses pensées, à son âme des éléments impurs et nocifs. Cet œil le garde donc en état de pureté, et c'est dans ce sens que l'on peut dire que l'œil agit sur le corps.

Celui dont l'œil est pur commence véritablement à voir, à sentir, à comprendre, et il permet aux courants venus du monde divin d'entrer dans son corps et de le purifier. Lorsque se sont dispersées toutes les couches opaques qui peuvent l'obscurcir, c'est cet œil qui établit un véritable contact avec le Ciel pour laisser passer la lumière divine. Et comme la lumière a toujours un pouvoir purificateur, si on sait vraiment comment s'exposer à ses rayons, ils sont capables de chasser toutes les impuretés en nous. Donc, si notre œil est pur, tout notre corps sera éclairé, il sera dans la lumière.

Voilà donc l'œil spirituel dont parlait Jésus, c'est cet organe ou, si vous voulez, cette faculté grâce à laquelle nous pouvons avoir la vision du Ciel et des créatures qui l'habitent. Ces créatures sont comme pétries de lumière, il émane d'elles des parfums délicieux, tout leur être chante et propage une symphonie indescriptible… Le secret pour obtenir cette vision sublime, c'est de travailler sans arrêt sur nous-même, de nous dégager de tout ce qui peut nous obscurcir, nous avilir, d'entretenir des pensées pures, des sentiments purs, des activités pures, et un jour nous aurons la vision claire de ce qu'est la vie dans le Ciel et de ce qu'elle doit être sur la terre. C'est à travers cet œil spirituel, qui est l'intermédiaire entre le Ciel et nous, que toute cette vie du Ciel vient se refléter sur la terre. Car ce n'est pas l'intellect qui peut donner les solutions à tous les problèmes qui se posent aux humains, mais la contemplation de la vie divine. C'est donc grâce à la pureté que nous pourrons réaliser la prière de Jésus : qu'il soit sur la terre comme au Ciel.[3]

Alors, si vous êtes sage, raisonnable, attentif, vous commencerez ce travail en vous-même et de plus en plus la clarté viendra, votre œil intérieur se purifiera, tous ces bandeaux et ces écailles qui l'enveloppent tomberont et vous pourrez voir, sentir, comprendre et contempler ce monde divin où nous avons vécu, d'où nous venons et qui est notre vraie patrie, cette patrie dont nous avons presque perdu le souvenir… Dès maintenant, nous devons commencer à tourner nos yeux vers ce monde de splendeur et de perfection absolue, à le contempler inlassablement pour qu'il s'enregistre peu à peu jusque dans les profondeurs de notre être et même sur notre corps physique afin que lui aussi puisse vibrer à l'unisson avec le monde divin.

Souvent, on entend dire que c'est l'Église qui a inventé la morale pour dominer et exploiter le peuple crédule et ignorant. Il est certain que dans de nombreux cas le clergé a mis la religion au service d'intérêts et de passions tout à fait condamnables. Mais la vraie religion, la vraie morale ne sont pas basées sur le profit : elles sont fondées sur une science profonde des causes et des conséquences de chaque pensée, de chaque sentiment, de chaque acte. Le tort du clergé a été de ne pas chercher à expliquer les règles qu'il imposait. On disait aux gens : faites ceci, faites cela, comme à des enfants à qui l'on demande d'obéir sans jamais leur donner d'explications. C'est pourquoi, comme les enfants, dès qu'ils ont pu, ils ont désobéi. Alors que, pour leur bonne évolution, ils auraient dû savoir que la vraie religion, comme la vraie morale, repose sur une connaissance précise des grandes lois cosmiques.

Il faut donc comprendre désormais l'importance de ce rapport entre la vie pure et la clarté de la vision spirituelle. Quand votre œil intérieur vous donne une vision correcte des choses, vous êtes averti, protégé : dès qu'il sent que vous risquez de vous égarer dans des régions obscures et dangereuses, il vous prévient qu'il faut changer de direction : vous sentez une hésitation, une inquiétude… C'est la preuve que cet œil vous dit : « Attention, tu vas t'enfoncer là dans des marécages, ne va pas plus loin, retourne sur tes pas. » Et ensuite, quand vous avez réussi à retrouver la bonne voie, il vous dit : « Maintenant, ça va, tu es sur le bon chemin, suis-le, il t'emmènera très haut vers le Temple qui brille au sommet, le Temple du Saint-Graal, la Patrie céleste. »

Notes

1. Cf. *De l'homme à Dieu – séphiroth et hiérarchies angé-liques*, Coll. Izvor n° 236, chap. XV-I : « Les lois de la des-tinée ».
2. Cf. *Les révélations du feu et de l'eau*, Coll. Izvor n° 232, chap. VII : « La montagne, mère de l'eau ».
3. Cf. *Le véritable enseignement du Christ*, Coll. Izvor n° 215, chap. V : « Sur la terre comme au ciel ».

XI

LA VISION DE DIEU

« *Bienheureux les cœurs purs,* disait Jésus, *car ils verront Dieu.* » Pourquoi la vision claire est-elle ainsi liée à la pureté ? C'est très simple, regardez : à l'époque où on s'éclairait encore avec des lampes à pétrole, il fallait très souvent nettoyer le verre pour ôter la couche de fumée qui s'y était déposée, sinon, même si la lampe était allumée, elle n'éclairait pas. Il en est de même pour l'homme : s'il laisse se déposer des couches d'impuretés en lui, ces impuretés sont comme un écran entre la lumière du monde divin et lui-même, et il ne voit plus rien. La pureté apporte donc la vision claire et c'est pourquoi Jésus disait : « *Bienheureux les cœurs purs, car ils verront Dieu.* »

En réalité, pour voir véritablement Dieu par les yeux intérieurs, la pureté du cœur ne suffit pas, il faut encore celle de l'intellect, de l'âme et de l'esprit. Mais dans notre vie psychique, le travail de purification doit commencer par le cœur, car c'est dans le cœur, qui correspond au plan astral, que les impuretés commencent par s'insinuer : les

convoitises, la jalousie, la haine, le désir de ven-
geance, etc.

Maintenant, bien sûr, « voir » Dieu ne signifie
pas qu'Il va apparaître devant nos yeux. Et d'ailleurs, dans ce sens, personne n'a jamais vu Dieu,
aucun saint, aucun prophète, aucun apôtre, aucun
martyr, aucune vierge, aucun patriarche, aucun
Initié n'a jamais vu Dieu. Même Moïse n'a pas vu
Dieu et pourtant combien de fois il est écrit dans
le *Pentateuque* que Dieu lui a parlé ! Mais là aussi,
bien sûr, il faut comprendre. Ce n'est pas Dieu Lui-
même qui a parlé à Moïse, ni à Bouddha, ni à
Zoroastre, ni à Orphée. Il leur a parlé par l'intermédiaire des grands Archanges, ses messagers, car
ils n'auraient pas pu supporter sa voix ou sa présence, ils auraient été pulvérisés. Vous direz :
« Mais Jésus, lui, est-ce qu'il n'a pas vu Dieu ? »
En qualité de Christ, oui, on peut dire que Jésus a
vu Dieu, parce que le Christ, le Fils, est fondu dans
le Père. Le Christ est le seul qui contemple son
Père, parce qu'il est un avec Lui, fondu en Lui.
Mais le Christ est un esprit cosmique et si l'on peut
dire que Jésus, ou un autre grand Initié, a vu Dieu,
c'est par l'intermédiaire de l'esprit de Christ auquel
il s'est identifié, mais il ne L'a jamais vu de ses
yeux.[1]

Personne n'a jamais vu Dieu, parce que Dieu,
c'est l'infini, l'illimité. On peut sentir sa présence,
oui, on peut même voir ses manifestations : des

éclairs, des projections de lumière, mais on ne peut
pas voir l'Auteur de ces manifestations. Parce qu'il
est impossible aux yeux physiques de voir Dieu,
tout simplement. Pour voir un objet ou un être, il
faut qu'il ait une forme, des dimensions, des
limites, qu'il soit situé quelque part dans l'espace
et dans le temps. Or, Dieu échappe au temps et à
l'espace et vous ne pouvez voir de Lui que des
reflets, des manifestations éparses partout, dans les
pierres, les plantes, les animaux et aussi les
humains, dans leurs pensées élevées, leurs sentiments généreux, leurs gestes de bonté ou de courage, leurs œuvres d'art. Et plus vous êtes pur, plus
vous distinguez des traces de Dieu, la vie, le parfum, la musique de Dieu. Quand vous voyez le
soleil, vous pouvez dire : « J'ai vu Dieu dans sa
lumière, j'ai senti Dieu dans sa chaleur et maintenant je suis plus vivant. » Mais raconter qu'on a
vu Dieu et qu'on a parlé avec Lui, non, il n'y a que
certains hurluberlus qui peuvent prétendre avoir
vu Dieu face à face et parlé avec Lui. Ce qui est
limité ne peut pas comprendre l'illimité. Ce qui est
petit ne peut pas comprendre l'immensité. Et quand
la comprendra-t-il ? Quand il entrera dans l'immensité, quand il se fusionnera avec elle, quand
il en fera partie. À ce moment-là, oui, il peut avoir
enfin une idée de l'immensité, de l'infini.

Aussi longtemps que, dans sa conscience,
l'homme reste séparé de Dieu, il ne peut pas com-

prendre l'immensité et l'infini de Dieu. Il faut qu'il se fonde, qu'il se perde en Lui ; à ce moment-là, il Le connaît parce qu'il est Lui, il devient Lui. Tant qu'il est en dehors de Lui, il ne peut Le connaître. Mais voilà, cette fusion ne peut pas se faire tant qu'il ne se débarrasse pas de ses impuretés... Prenons une image : vous avez du mercure que vous éparpillez en petites gouttes. Puis vous rapprochez ces gouttes : elles n'en forment à nouveau qu'une seule. Vous avez certainement tous fait cette expérience. Maintenant, si vous laissez tomber quelques grains de poussière sur certaines de ces gouttes, quoi que vous fassiez ensuite, elles restent séparées. Eh bien, c'est ce qui se passe aussi avec nous. Le Seigneur est la splendeur, la lumière, l'immensité, et nous serons séparés de Lui tant que nous resterons vicieux, sombres, méchants. Ce n'est qu'en enlevant toutes les couches d'impuretés que nous avons accumulées en nous, que nous parviendrons à nous fusionner avec Lui, c'est-à-dire à « Le voir ».

Note
1. Cf. *Qu'est-ce qu'un fils de Dieu ?*, Coll. Izvor n° 240, chap. VII : « L'homme Jésus et le principe cosmique du Christ».

XII

LE VÉRITABLE MIROIR MAGIQUE :
L'ÂME UNIVERSELLE

Depuis la plus haute antiquité, les voyants, les devins, les magiciens utilisent pour connaître le passé, prédire l'avenir ou se renseigner sur un événement éloigné qui est en train de se produire, ce qu'ils appellent des miroirs magiques. Malgré leur nom, les miroirs magiques ne sont pas nécessairement de vrais miroirs : cela peut être une boule de cristal, une coupe d'eau, une perle, etc. Un des miroirs magiques les plus célèbres de la littérature occulte est un cristal de charbon qui était en la possession de John Dee, occultiste anglais, qui vivait au seizième siècle et dont l'écrivain Gustav Meyrink raconte l'histoire dans « L'ange à la fenêtre d'Occident ». Toutes sortes d'aventures dramatiques sont liées à ce miroir, mais ce serait trop long à vous raconter.

Plusieurs objets peuvent donc servir de miroirs magiques, même un ongle. Oui, vous pouvez enduire votre ongle d'encre ou de vernis et si vous savez comment vous concentrer dessus, il peut devenir un miroir magique. Vous direz : « Mais comment se fait-il que n'importe quel objet ou presque puisse être utilisé comme miroir magique ? » C'est très simple, c'est parce que n'importe quel objet peut servir de support à la vision. Dans la mesure où tout ce qui existe est traversé par la vie cosmique, tout être, tout objet garde des traces de cette vie et ces traces peuvent être retrouvées. Les pensées, les sentiments, les actes des humains, leurs aspirations, leurs élans, leurs projets, leurs prières s'échappent d'eux pour aller dans toutes les directions. Rien ne disparaît et rien ne reste caché. Non seulement tout se propage, mais tout s'enregistre et, à un moment ou à un autre, peut être retrouvé. La vie qui se propage à travers l'espace peut être captée dans n'importe quel endroit de l'univers, il suffit pour cela d'avoir les appareils appropriés.

Le chant du Maître Peter Deunov « Krassiv é jivota » exprime très bien cette idée. Oui, ce chant dit : « Krassiv é jivota na nachata doucha, chto izpălnya célata zémia », ce qui signifie : « Belle est la vie de notre âme, qui remplit la terre entière. » Donc, la vie de notre âme, c'est-à-dire notre âme remplit la terre entière, elle la pénètre, l'imprègne, car l'âme n'est pas limitée par les frontières du corps physique, elle le traverse, le déborde et peut parvenir aux dimensions de la terre ou même de l'univers. Si chaque objet peut devenir un miroir magique, c'est parce que l'Âme universelle est elle-même le véritable miroir magique où la vie cosmique tout entière vient se refléter. Et puisque toutes les âmes humaines ne sont que des parcelles de l'Âme universelle, chacune d'elles est elle-même un miroir magique. C'est pourquoi on peut diviser les clairvoyants en deux catégories : ceux qui trouvent le miroir magique en eux-mêmes (c'est leur âme où viennent se refléter tous les événements de l'univers), et ceux qui ont besoin d'un miroir magique matériel, donc extérieur à eux.[1]

L'objet que le clairvoyant veut utiliser comme miroir magique doit être préalablement débarrassé des couches d'impuretés qui peuvent l'entourer, puis consacré aux forces lumineuses et tenu à l'abri des influences négatives. Grâce à l'intensité de ses vibrations, le miroir magique peut capter et révéler les événements qui se déroulent à des milliers de kilomètres. En ce qui me concerne, je ne me sers pas de miroir magique, je sais comment les préparer, mais je ne le fais pas, et je vous conseille, à vous aussi, de ne pas vous en servir. D'ailleurs, sachez que seul celui qui a trouvé le miroir magique intérieur est capable de se servir avec succès des miroirs magiques extérieurs.

Alors, laissez les miroirs magiques et apprenez à interpréter le langage de la nature. Considérez que la vie est un miroir magique et que c'est là,

dans tous les événements qui se produisent dans
les différents règnes de la nature, que vous trouverez la réponse à toutes les questions qui se posent
à vous. Pour les interpréter, il est nécessaire d'acquérir un véritable savoir et ce savoir ne s'acquiert
que dans une École initiatique.

Note

1. Cf. « *Et il me montra un fleuve d'eau de la vie* », partie V,
   chap. 2 : « Les séphiroth du pilier central – La séphira
   Daath ».

XIII

RÊVE ET RÉALITÉ

Dans le passé, quand les gens dans les campagnes ne savaient pas ce qu'était le théâtre, et à plus forte raison le cinéma ou la télévision, il arrivait que certaines personnes très simples, très naïves, qui assistaient pour la première fois à une représentation, prennent au sérieux tout ce qui se passait sur la scène. Et alors, au moment où un crime allait être commis, par exemple, elles se levaient, injuriaient l'assassin, avertissaient la victime du danger qui la menaçait et prenaient à témoin les autres spectateurs de la méchanceté du criminel en criant qu'il fallait l'attraper avant qu'il ne mette ses mauvais desseins à exécution. Évidemment, tout le monde riait… Eh bien, sachez que vous aussi, dans beaucoup de circonstances de la vie, vous vous conduisez comme ces personnes qui confondent le théâtre ou le cinéma avec la réalité : vous prenez au sérieux ce qui n'est qu'un spectacle.

Dans la vie tout n'est qu'apparence, illusion, et devant les difficultés et les épreuves que vous rencontrez, au lieu de vous dire : « Mais c'est une comédie, ce n'est pas sérieux », vous criez, vous gesticulez, vous pleurez… Eh non, au lieu de pleurer, il faut réfléchir. Regardez. Que se passe-t-il avec un acteur de théâtre ? Chaque soir il joue une pièce où par exemple, son ennemi mortel verse du poison dans son verre, et il meurt. Mais s'il vous arrive de le rencontrer après la représentation, vous le verrez trinquer sans rancune avec son assassin, il n'a même pas peur qu'il lui ait à nouveau versé du poison dans le verre. Toute proportion gardée, ce sont les mêmes histoires qui se passent dans la vie courante. Alors, au lieu de prendre certaines situations au tragique, pourquoi ne pas se dire : « Bah ! c'est du théâtre. Quand la pièce sera finie, je verrai les choses différemment. » En vous habituant à raisonner ainsi, les difficultés, les échecs, les déceptions ne vous affecteront plus autant.

Prenons un autre exemple. Vous faites un cauchemar : vous rêvez que vous êtes poursuivi, vous courez, vous courez et puis voilà un gouffre vertigineux qui s'ouvre devant vous et vous tombez… Quelle angoisse ! Lorsque vous vous réveillez, vous continuez à vivre encore quelques instants ces impressions dramatiques comme si c'était la réalité. Et pourtant, ce n'est pas la réalité : vous êtes là, vivant, dans votre lit. Il en est de même pour les rêves heureux et agréables : on s'en réjouit encore, une fois réveillé, comme d'aventures réellement vécues. Alors maintenant, regardez : si l'on peut considérer le rêve comme une réalité, pourquoi ne pourrait-on pas considérer la réalité comme un rêve ?… C'est ce que font les sages : quoi qu'il leur arrive, ils disent : « Je rêve, mais un jour je m'éveillerai. Je souffre, je suis malade, on me persécute, mais je rêve. Quand je me réveillerai, il ne restera plus une trace de tout ça. » Vous direz que tous ces raisonnements ne vous empêcheront pas de souffrir et d'être dans la misère. Bien sûr, bien sûr, mais ceux qui ont des cauchemars sont, eux aussi, effrayés, ils souffrent, ils transpirent, ils s'agitent, ils poussent des cris, et pourtant, ce qui les fait réagir ainsi n'est pas la réalité. C'est d'ailleurs eux-mêmes qui se le disent une fois réveillés.

Combien de philosophes, de poètes ont dit que la vie est un songe ! Mais ce n'est pas parce que la vie est un songe qu'on doit justement se laisser aller à rêvasser comme le font beaucoup de gens qui désirent ceci, souhaitent cela… Car ces rêveries ne sont pas toujours bien « catholiques ». On peut rêver, bien sûr, et même on doit rêver, mais à condition que ce soient des rêves divins : le Royaume de Dieu sur la terre, tous les êtres enfin libres, dans la lumière et dans la paix. Si beaucoup plus d'hommes et de femmes faisaient souvent ces rêves-là, ils contribueraient plus rapidement à leur réalisation.

Je vous conseille, à vous aussi, de vivre dans les rêves, mais pas ces rêves décousus, sans tête ni queue, inspirés uniquement par la sensualité, les caprices ou la paresse, mais des rêves conscients, orientés toujours dans le sens du bien et de la lumière. Bien sûr, il ne faut jamais négliger totalement cette réalité illusoire qu'est la vie terrestre. Si nous sommes sur la terre, c'est que nous avons quelque chose à y faire, à y apprendre, mais même en vivant le plus correctement possible cette existence terrestre, il ne faut jamais oublier qu'on rêve.

Les Initiés savent l'importance cosmique de créer des images sublimes qui contribueront à la transformation du genre humain. Les gens ordinaires qui ne les comprennent pas, les traitent d'illuminés qui se bercent de rêves chimériques, tandis qu'eux-mêmes, les pieds sur terre, évidemment ils se trouvent parfaitement éveillés, car passer sa vie à brasser la matière, c'est ça, pour eux, être éveillé. Eh bien, non, aux yeux d'un Initié, ils somnolent, ils ronflent ! Leur vie n'est qu'un long sommeil agité de temps en temps de quelques soubresauts.[1]

Oui, la vie sur la terre est un sommeil. C'est pourquoi on peut dire que la mort est un réveil dans l'autre monde. Mais là encore, l'homme dort, il dort d'un sommeil plus léger, bien sûr, mais c'est toujours le sommeil, et ce sera toujours le sommeil jusqu'à ce qu'il arrive au plan causal où se produit le véritable réveil. Et quand il devra de nouveau retourner sur la terre, au fur et à mesure qu'il descendra, il plongera dans un sommeil de plus en plus profond et lourd… jusqu'à ce qu'il arrive dans le plan physique où là, il dort d'un sommeil d'où il ne peut plus se réveiller pendant des années et des années. Bien sûr, on peut le voir courir, parler, gesticuler, mais c'est toujours dans le sommeil.

Alors, vous aussi, ne croyez pas que vous êtes éveillé. Vous dormez et, de même qu'en rêve il vous arrive de faire toutes sortes de choses : vous promener, rencontrer des gens, leur parler, etc., eh bien, il en est de même dans la vie quotidienne. D'ailleurs, quelquefois aussi, c'est pendant le sommeil, quand vous rêvez, que vous êtes le plus éveillé, car certains rêves mettent les humains plus facilement en relation avec la véritable réalité des choses. Mais quand vous vous réveillez, un voile tombe de nouveau sur cette réalité.

Celui qui s'arrête sur l'apparence des choses s'enfonce dans les illusions. Les apparences ne sont utiles que dans la mesure où on peut les dépasser pour découvrir la véritable réalité. Mais s'enfoncer dans les apparences conduit fatalement à la mort spirituelle. Bien sûr, cette question du rêve et de la réalité, ou de la réalité et des apparences, est abstraite et difficile. Mais l'essentiel n'est pas que vous parveniez à la saisir intellectuellement. L'essentiel, c'est que vous compreniez comment ces quelques notions que je viens de vous donner peuvent vous aider dans la vie quotidienne. Quand il vous arrive des désagréments, pensez à vous dire : « Bien sûr, je ne peux pas nier qu'il y ait ça et ça, mais est-ce vraiment à moi que cela arrive ? Moi, je suis un esprit éternel, immortel, et ce que je vis là, c'est une autre personne que moi qui est en train de le vivre, c'est une illusion dont je suis le spectateur. »

Cette façon de penser peut vous donner beaucoup de courage, beaucoup de résistance et de force. Tandis que si vous vous identifiez avec ce qui vous arrive, vous vous effondrez. Tous ceux qui prennent trop au sérieux leurs difficultés ou leurs malheurs se mettent dans des situations inextricables, parce que justement ces difficultés et ces malheurs ne peuvent être surmontés que si on commence par ne pas les prendre au sérieux. Réellement, croyez-moi, ce n'est pas à votre vrai Moi que vos malheurs arrivent, votre vrai Moi est au-dessus de toutes les vicissitudes de la vie.[2] Ce qui souffre en vous, c'est ce moi irréel qui joue un rôle et qui traverse toutes sortes de péripéties comme au théâtre. Il n'y a que ce que je vous dis que vous devez prendre au sérieux, pas ce qui vous arrive.

Alors, quels que soient les événements que vous ayez à traverser, même les plus pénibles, pensez que votre vie sur la terre n'est qu'un rêve. Un

jour, quand vous vous réveillerez, vous direz :
« Quelle bêtise, j'ai cru que c'était vrai ! »

L'homme descend sur la terre où il se livre à
toutes sortes d'activités afin de connaître la matière,
et ensuite, quand il retourne dans l'autre monde,
même s'il a appris beaucoup de choses, il doit
reconnaître que la réalité n'était pas là… Oui, nous
ne sommes qu'un rêve de l'être divin qui est en
nous ; nous dormons et nous devons nous réveiller.
Mais comment nous réveiller ? En pensant à notre
Moi supérieur, en nous concentrant sur lui, en nous
identifiant à lui. Peu à peu, notre conscience ordinaire commencera à s'unir à la conscience de notre
Moi supérieur, la superconscience. Cette union,
c'est cela le véritable réveil.

Notes
1. Cf. *La vérité, fruit de la sagesse et de l'amour*, Coll. Izvor
   n° 234, chap. XVI : « Rêve et réalité ».
2. Cf. *La vie psychique : éléments et structures*, Coll. Izvor
   n° 222, chap. XIII : « Le Moi supérieur ».

XIV

LE SOMMEIL, IMAGE DE LA MORT

La journée que vous venez de vivre détermine la nuit que vous allez passer, mais la façon dont vous vous préparez au sommeil va également déterminer le jour suivant. Chaque soir, avant de vous coucher, recueillez-vous un moment en laissant de côté tout ce qui vous a préoccupé ou troublé au cours de la journée. Pensez ensuite aux erreurs que vous avez pu commettre, afin que les esprits lumineux vous inspirent durant votre sommeil la meilleure manière de les réparer. Enfin, au moment de vous endormir, abandonnez-vous sans crainte à l'Ange de la mort. L'Ange de la mort, c'est le nom que la Kabbale donne à l'Ange du sommeil, car chaque soir nous mourons et chaque matin nous ressuscitons. S'endormir, quitter le corps physique est un exercice que nous pratiquons chaque nuit, afin d'être prêts pour le jour où nous devrons véritablement partir dans l'autre monde. Celui qui ne sait pas comment s'endormir ne saura pas mieux mourir. Il n'existe aucune différence entre le sommeil et la mort, sauf que, lorsqu'on meurt, on quitte définitivement la maison que l'on habitait. Pendant le sommeil, on la quitte également, mais un lien subsiste : la corde d'argent qui nous retient à elle.[1]

Il faut comprendre la nécessité de se préparer chaque soir au sommeil comme pour un voyage sacré, afin d'être prêt un jour pour cet autre voyage tellement plus décisif : la mort. Car combien de gens n'arrivent pas à se détacher de leur corps physique ! Les liens sont là, puissants, qui les retiennent. Vivants, ils n'ont pas eu dans leur cœur, dans leur âme, le désir de découvrir d'autres espaces et d'aller vers Dieu, ils ne pensaient qu'aux affaires matérielles, à l'argent, aux plaisirs, comme si toute la vie était là, comme si rien d'autre n'existait. Alors, comment peuvent-ils accepter d'abandonner tout cela ? Ils rôdent longtemps autour de leur corps, autour des lieux où ils ont vécu, des êtres qu'ils ont connus et ils souffrent terriblement, bien que des esprits lumineux, serviteurs de Dieu, viennent les aider à se libérer. D'autres, au contraire, quittent instantanément leur corps physique comme un vieux vêtement usé qu'ils laisseraient tomber pour entrer dans un vêtement de lumière.

D'ailleurs, en attachant tellement d'importance au fait de réconcilier un mourant avec le Ciel par le sacrement de l'Extrême-Onction, l'Église chrétienne se conforme à cette tradition très ancienne d'après laquelle ceux qui quittent le corps physique sans la lumière de l'existence de Dieu et de l'autre monde, errent dans les régions obscures de l'au-delà en proie à de grandes souffrances. C'est pourquoi aussi ceux qui restent sur la terre, les parents, les amis, au lieu de s'abandonner à des regrets et des chagrins qui retiennent le mort dans les couches inférieures du plan astral et l'empêchent de se libérer, doivent prier pour faciliter son départ.

Et de même que le moment où vous vous endormez est important pour la journée du lendemain, le moment de la mort est aussi essentiel pour l'incarnation suivante : l'attitude du mourant agit dans l'autre monde jusqu'à son incarnation prochaine, car rien, aucun phénomène, aucune pensée, aucun sentiment, aucun acte, ne peut exister isolément : chacun a une cause et produit des conséquences plus ou moins lointaines. C'est ce que vous pouvez observer chaque jour dans votre existence. Supposez que vous ayez passé une bonne journée, mais voilà qu'au moment où vous allez vous coucher, il se produit un incident qui vous inspire tristesse et découragement. Le lendemain, au réveil, vous pourrez certainement constater que ce que vous aviez vécu de bon la veille a disparu, remplacé par une impression désagréable. Le dernier moment a donc été plus important, plus significatif que toute la journée. Supposez, au contraire, que vous ayez toute la journée assez mal vécu, mais qu'avant de vous abandonner au sommeil, vous parveniez, par des prières et un effort de la pensée, à vous endormir paisiblement : ces derniers moments nettoient tout en vous, ils vous purifient si bien que le lendemain vous vous éveillez dans les meilleures dispositions.

L'homme est habité par des « ouvriers » qui utilisent tout ce qui se passe en lui à la frontière entre la veille et le sommeil comme des forces de construction ou de destruction. C'est pourquoi, méfiez-vous, ne vous couchez pas avec des préoccupations négatives, car elles détruiront tout ce que vous avez acquis de bon pendant la journée. Avant de vous endormir, mettez au moins une pensée, une inspiration, une image lumineuse dans votre tête et dans votre cœur : vous vous réveillerez le lendemain matin purifié, régénéré.

Évidemment, je ne dis pas cela pour que vous pensiez qu'on peut vivre n'importe comment pendant la journée à condition de faire une prière avant de s'endormir, ou que c'est au moment de mourir qu'on effacera toutes les mauvaises actions de sa vie. Non, car en agissant ainsi, vous aurez toujours tous les diables avec vous, comme le moine de cette anecdote. Oui, dans un couvent, il y avait une fois un brave moine qui buvait, buvait… Grâce à lui, le niveau du vin dans les tonneaux baissait rapidement. Un peu penaud, bien sûr, il faisait chaque soir sa prière en demandant pardon à Dieu, après quoi, apaisé, il s'endormait tranquillement…

Jusqu'au lendemain où il recommençait. Cela continua ainsi des années… Or, un soir, il oublia sa prière, et voilà que pendant la nuit, il sent quelqu'un qui le secoue en disant : « Hé ! tu n'as pas fait ta prière ce soir. Allez, debout, dépêche-toi, tu dois prier ! » Il s'éveille, se frotte les yeux et qui voit-il ?… Le Diable ! Oui, c'était le Diable qui le réveillait, car c'était lui qui le poussait à prier tous les soirs pour éviter qu'il ne se corrige. Grâce à ses prières, le moine avait la conscience tranquille et le lendemain il recommençait ses bêtises pour la plus grande joie du Diable. L'histoire ajoute que, lorsque le moine comprit cela, il fut tellement effrayé qu'il renonça pour toujours à boire.

Quant à vous, même si vous n'avez pas mené pendant la journée une existence parfaite, il est quand même très important avant de vous endormir, d'arriver à vous apaiser et à vous lier au Ciel. Prêtez une grande attention à cela car, je ne le répéterai jamais assez, c'est la nuit, durant le sommeil, que les forces psychiques font un travail en profondeur dans le subconscient.

La veille et le sommeil, la vie et la mort, et aussi le visible et l'invisible, le jour et la nuit : voilà des questions sur lesquelles vous ne devez jamais cesser de vous pencher. Oui, étudiez le sens profond du jour et de la nuit. La nuit est le domaine du non-manifesté, de l'invisible, le jour celui de la mani-

festation, du visible, et la manifestation dépend du
non-manifesté, comme le jour dépend de la nuit.
Avant de naître, l'homme se trouve dans la nuit
et tout se prépare dans cette nuit. C'est dans l'obs-
curité du sein maternel qu'il construit son corps :
ses poumons, son cœur, son cerveau… Si cette
construction s'est mal effectuée, toute sa vie à venir
est compromise, car le jour, la vie terrestre, dépend
de cette nuit qu'est la gestation.[2]

C'est dans la nuit que se préparent les événements qui se produiront pendant le jour, car tout
phénomène matériel n'est que la concrétisation de
phénomènes non matériels. C'est ce qui explique
qu'un clairvoyant puisse prédire les événements à
venir : parce qu'il les a déjà vus réalisés dans le
monde invisible. Il faut un certain temps pour que
ces événements atteignent le plan physique, mais
ils l'atteignent nécessairement car ils sont déjà ins-
crits en haut. Regardez un serpent : sa queue passe
toujours là où est passée sa tête. La tête représente
l'idée, le projet, et la queue représente sa réalisation, la concrétisation des événements qui ont déjà
eu lieu dans le monde subtil.

Vous avez peut-être fait vous-même cette expérience : en parlant avec une personne au cours de
la journée ou en faisant certains gestes, vous vous
êtes peut-être souvenu soudain d'avoir tenu en
rêve, la nuit précédente, cette même conversation
ou fait ces mêmes gestes. Oui, car ce que nous fai-

sons pendant le jour peut être la répétition de ce que nous avons fait pendant la nuit dans le plan astral.

Toute manifestation peut être comparée au dévidage d'une pelote de fils formée par des brins de couleurs différentes. La manifestation représente le déroulement des fils, mais les fils ne seront que ceux qui ont déjà été enroulés. Ainsi, si vous n'avez rien préparé dans votre tête à l'aide de la sagesse, n'espérez pas tirer la sagesse de votre cervelle. Tout ce que l'on veut manifester doit avoir été préparé longtemps à l'avance. Ne vous y trompez pas : sans avoir longuement travaillé dans la nuit, dans l'invisible, vous ne produirez rien de véritablement achevé dans le visible.

Ce que je vous dis là est d'une valeur inestimable pour votre évolution. Certains ne le sentiront peut-être pas tout de suite ; cela viendra, mais qu'ils n'attendent pas, pour sentir cela, le moment où ils quitteront la terre, ce sera un peu tard. Ce n'est pas au moment où on part pour l'autre monde qu'il faut apprendre ces vérités.

Notes

1. Cf. « *Et il me montra un fleuve d'eau de la vie* », p. 108-109, p. 419.
2. Cf. *Les splendeurs de Tiphéreth*, Œuvres complètes, t. 10, chap. XVII : « Le jour et la nuit. La conscience et la subconscience ».

XV

SE PROTÉGER PENDANT LE SOMMEIL

Tout en tournant autour du soleil, la terre fait en vingt-quatre heures un tour complet sur elle-même. C'est ce qui explique qu'en vingt-quatre heures chaque région du globe passe progressivement de la nuit au jour, du jour à la nuit ; et pendant que dans certains endroits les uns se préparent à se coucher ou sont en train de dormir, les autres vont se réveiller ou sont déjà au travail. Le fait que d'un côté de la terre les uns sont plongés dans le sommeil, tandis que d'autres vaquent à leurs occupations, produit dans le monde subtil des phénomènes très intéressants.

Au moment où un homme s'endort, son âme quitte son corps physique (tout en restant rattachée à lui par ce lien subtil que l'on appelle la corde d'argent), elle ne voit tout autour que des gens plongés aussi dans le sommeil et, comme elle trouve que ce n'est pas intéressant, elle se rend de l'autre côté de la planète, là où une multitude de gens sont éveillés, et à leur insu elle se mêle à leur vie. C'est ainsi que, vous aussi, pendant le jour, quand vous êtes éveillé, vous recevez la visite de quantité d'hommes et de femmes endormis qui habitent de l'autre côté de la terre. Leurs âmes viennent vous rendre visite et elles vous chuchotent à l'oreille leur histoire, leurs préoccupations, leurs souffrances. Parfois les malaises, les tristesses que vous ressentez vous sont communiqués par ces êtres-là. Vous croyez que ce sont vos propres inquiétudes, mais en réalité ce sont celles de certaines âmes venues de l'autre côté de la terre qui ont quitté leur corps physique durant le sommeil.

Si ces âmes viennent auprès de vous, c'est parce que vos pensées, vos préoccupations quotidiennes créent des vibrations qui les attirent. De même, si vous lisez beaucoup de récits concernant certains pays, vous préparez en vous les éléments fluidiques qui vous lieront aux habitants de ces pays et, intérieurement au moins, vous participerez à leur sort. D'après vos affinités, vos sympathies, vous déterminez vos rencontres, votre environnement psychique, et même si vous changez de résidence, même si vous changez de région, vous continuerez à attirer les mêmes âmes, à être entouré par la même atmosphère. Si vous travaillez à faire de vous un aimant préparé pour attirer des entités lumineuses, même si vous allez jusque dans l'Enfer, vous attirerez des anges ; et là, grâce à eux, vous chasserez les démons qui auront peur que ces anges détruisent leur royaume. Inversement, même si on transporte certaines gens au Paradis, ils se débrouilleront toujours pour y être poursuivis par des diables !

Alors, attention, soyez vigilant : aussi bien pendant la veille que pendant le sommeil, tâchez de n'attirer autour de vous que des présences bénéfiques. Bien sûr, ce travail est plus facile à réaliser à l'état de veille. Pendant le sommeil, quand la conscience s'affaiblit, on est plus exposé et vulnérable. C'est pourquoi il faut être particulièrement attentif et ne pas s'endormir dans n'importe quel état d'esprit mais, au contraire, se préparer au sommeil. Certaines personnes sont étonnées de commettre en rêve des actes répréhensibles qu'elles ne commettraient jamais à l'état de veille... C'est justement parce qu'elles n'ont pas su se préparer au sommeil.

Il est dit dans la Kabbale que lorsque l'homme s'endort, un esprit impur s'attache à son corps physique pour lui suggérer certaines idées, certains désirs. Cet esprit impur veut prendre possession du corps parce que le corps possède une grande réserve de forces. Oui, les mauvais esprits ont besoin de matériaux et d'énergies pour leurs travaux, et c'est chez les humains qu'ils les trouvent, particulièrement pendant leur sommeil. Pourquoi ? C'est très simple. Pendant le jour, les humains qui sont submergés d'occupations courent à droite et à gauche, et c'est donc eux-mêmes qui utilisent leurs énergies ; tandis que pendant la nuit, quand ils dorment, leurs énergies sont disponibles.

Vous direz : « Comment ? Pendant que nous dormons, des esprits viennent nous dépouiller à notre insu ? Mais ils n'ont pas le droit ! » Oh là là, pas le droit, qu'est-ce que vous croyez ? Ils le prennent, ce droit. Regardez ce qu'ont fait les humains avec les animaux depuis des millions d'années ! Ils les ont exploités ou massacrés impitoyablement, sous prétexte qu'ils avaient besoin d'eux pour toutes sortes d'usages : cultiver la terre, traîner des fardeaux, voyager, se nourrir, se vêtir, se distraire, etc. Est-ce qu'ils se sont quelquefois sentis coupables ? Pas du tout, au contraire, quel mal y a-t-il à exploiter les animaux ? Ils sont là pour ça !... Eh bien, dites-vous que dans le monde invisible se trouvent des entités qui tiennent exactement le même raisonnement concernant les humains. Elles n'ont aucun scrupule à les exploiter, et particulièrement pendant leur sommeil quand ils sont abandonnés, sans défense. C'est pourquoi, avant de s'endormir, il est souhaitable de se mettre à l'abri en demandant la protection des esprits lumineux.

Je sais bien que beaucoup n'accepteront jamais cette idée de l'existence d'esprits inférieurs qui peuvent venir s'emparer d'eux pendant le sommeil. Eh bien, qu'ils n'acceptent pas, c'est leur affaire. Mais tous ceux qui veulent avancer sur le chemin de l'évolution doivent admettre l'existence de ces esprits et la nécessité de se protéger de leurs agissements. Pour se défendre contre eux, ils doivent prier le Ciel d'envoyer un ange qui les préservera et qui les conduira dans l'École du Seigneur pour y étudier l'amour et la sagesse. Ainsi, pendant la nuit, ils auront toujours un gardien qui tournera autour de leur corps pour empêcher l'esprit du mal d'en prendre possession.

Je vous ai souvent donné aussi cette image du train de nuit qui file à toute allure à travers la campagne. Les voyageurs dorment et ils font bien, ils peuvent dormir, ils en ont le droit. Un seul ne doit pas dormir, c'est le conducteur du train : il n'a pas le droit de dormir parce qu'il est responsable de la vie de tous les autres et doit les mener à bon port. Eh bien, nous aussi, nous sommes comme ce train dont le conducteur ne doit pas dormir. Notre corps, nos cellules peuvent dormir, mais notre conscience doit rester éveillée, vigilante, pour continuer à nous guider au milieu des embûches de la nuit.

Oui, il ne suffit pas d'être éveillé pendant le jour ; pendant la nuit aussi il faut garder une partie de soi-même éveillée. C'est pourquoi, avant de vous endormir, le soir, pensez à laisser quelqu'un, une entité, une lumière, qui veillera au-dedans de vous, tandis que vous serez plongé dans le sommeil. Jésus a dit : « *Veillez et priez* ». Veiller ne signi-

fie pas évidemment, ne pas dormir, mais être vigilant. Physiquement, il faut dormir, il faut se reposer, c'est nécessaire pour le bon équilibre physique
et même psychique. Mais ce n'est pas dans le plan
physique qu'il faut veiller, c'est dans le plan spirituel.

Il y a des années, le Maître Peter Deunov nous
avait indiqué une formule à réciter au moment de
se coucher. On la dit en appuyant la paume de la
main droite sur le plexus solaire et le dos de la main
gauche placé dans le dos, également au niveau du
plexus solaire. Cette formule, le Maître nous l'a
donnée en bulgare, évidemment. La voici :

> « Gospod veuv méné é svétlina
> Anguélité seu toplina,
> Tchélovetsité seu dobrina.
> Gospod veuv méné é svétlina,
> Douheut mi é toplina
> Az seum dobrina. »

Vous pouvez, si cela vous est plus facile, la dire
en français :

> « Dieu est en moi lumière,
> Les anges sont la chaleur,
> Les hommes sont la bonté.
> Dieu est en moi lumière,
> Mon esprit est la chaleur,
> Je suis la bonté. »

Vous méditez quelques minutes, puis vous tracez de la main droite un pentagramme dans l'air. Pourquoi un pentagramme ?[1] Traditionnellement, le pentagramme est un symbole que les mages placent à l'entrée de leur demeure pour repousser les esprits du mal. Bien sûr, il ne suffit pas de tracer un pentagramme pour être protégé. Mais si vous vous efforcez de mener chaque jour une vie raisonnable et pure, et que vous traciez ensuite le pentagramme, il renforcera votre travail et vous serez réellement protégé.

Certains penseront : « Mais pourquoi nous raconter tout ça ? Les mauvais esprits… se protéger avant le sommeil… Laissez-nous tranquilles, nous avons le droit de vivre comme nous l'entendons. » Ça, je sais, je sais, je n'ai aucun droit de toucher à votre vie, vous êtes libres de continuer à vivre au milieu de vos difficultés, je n'ai rien contre. Je parle seulement, j'explique, et ceux qui le souhaitent se mettront au travail.

Note
1. Cf. *Le langage des figures géométriques*, Coll. Izvor n° 218, chap. IV : « Le pentagramme ».

XVI

LES VOYAGES DE L'ÂME
PENDANT LE SOMMEIL

Quand on pense que l'être humain passe à peu près un tiers de son existence à dormir, comment peut-on ne pas souhaiter que ce temps ne soit pas tout à fait perdu, mais utilisé à des activités constructives ? Bien sûr, le sommeil sert à récupérer les énergies dépensées pendant la veille, mais cela se fait automatiquement, c'est le corps physique qui s'en occupe en collaboration avec le corps éthérique. Alors, pendant que le corps physique se rétablit, pourquoi ne pas donner à l'âme et à l'esprit la possibilité de s'instruire ou de faire un travail ? Faire un travail pendant le sommeil… cette idée, je le vois, est nouvelle pour beaucoup, et pourtant, sachez-le, ce travail est possible et il est même souhaitable.

Alors, avant de vous endormir, liez-vous par la pensée aux régions de l'univers que vous voulez visiter, pour rencontrer les êtres qui les habitent, afin d'aller étudier auprès d'eux. Évidemment, pour que ces grands êtres acceptent de vous instruire,

vous devez quand même leur montrer que vous
êtes stable, fidèle, désintéressé, que vous êtes prêt
à faire tous les efforts nécessaires pour être admis
dans leur École. Et ces efforts, ce sont tout d'abord
des préparatifs. Sur la terre, on n'est pas admis à
l'Université sans préparatifs, sans études préliminaires ; eh bien, pour être admis dans les
Universités célestes, il y a aussi des conditions à
remplir. C'est pourquoi, chaque jour, dites-vous :
« Attention, je dois penser à me préparer au sommeil en veillant à ne pas me surcharger de toutes
sortes de matières encombrantes ; que ce soit pour
la nourriture, les pensées, les sentiments, je vais
choisir les éléments les plus purs, les plus lumineux, pour construire mon cerveau, mon cœur, mes
poumons. C'est ainsi que je serai toujours plus
léger, plus éveillé, plus actif. »

Si vous vous exercez dès maintenant à purifier
et à éclairer votre corps physique, il viendra un
moment où, même quand vous lui donnerez
quelques heures pour se reposer, vous, de l'autre
côté, avec votre esprit, vous pourrez continuer à
vous instruire, à travailler et même à aider les
humains.[1]

Celui qui ne s'est jamais exercé à faire de son
corps l'instrument de l'esprit, n'a pas la possibilité de se libérer pendant son sommeil pour faire
un travail dans le monde invisible. Une fois
endormi, il reste attaché à son corps, autour duquel

il tourne en rond toute la nuit, et il dort d'un sommeil pesant, traversé de rêves pénibles. Il faut comprendre que, dans la vie spirituelle, le corps a un rôle très important à jouer : s'il n'est pas éduqué, il empêche l'esprit de partir en voyage pour faire son travail. Eh oui, il y a sommeil et sommeil, et si la majorité des gens savaient dans quels endroits psychiques ils vont quand ils s'endorment, ils seraient épouvantés. Ils pataugent au milieu des marécages de toutes leurs mauvaises habitudes et de leurs désirs grossiers. Très peu sont capables de se dégager afin de sortir librement du corps physique et de parcourir l'espace à la découverte d'autres régions, d'autres êtres. Bien sûr, c'est difficile, mais cela vaut la peine de faire des efforts pour prendre contact avec les réalités les plus riches et les plus belles du monde invisible.

Quand votre âme parvient à s'échapper loin du corps pendant le sommeil, elle ne reste jamais inactive, elle voyage, elle contemple l'immensité, elle communie avec les esprits célestes, elle se renforce dans la connaissance de l'amour, de la sagesse et de la vérité. Et lorsqu'elle revient, elle rapporte le souvenir de toutes ces révélations et tâche de les communiquer au cerveau.

C'est ce souvenir que l'on appelle les rêves. Voilà pourquoi c'est tout de suite, au réveil, qu'il faut chercher à se remémorer ses rêves, car à ce moment-là les images les plus importantes flottent

encore dans le cerveau. Quelquefois, c'est dans
le cours de la journée que les rêves reviennent à la
mémoire, mais il vaut mieux chercher à s'en souvenir au réveil. Si vous vous habituez à retrouver
dès votre réveil les rêves de la nuit, vous aurez plus
de facilité pour vous souvenir de certaines expériences que vous avez faites, ou même de certains
avertissements et conseils qui vous montreront la
conduite à tenir pendant cette nouvelle journée.
Vous direz peut-être : « Mais pourquoi cela ne m'ar-
rive-t-il jamais à moi ? Je ne me souviens pas avoir
fait de tels rêves. » C'est parce que votre cerveau
n'est pas encore organisé pour recevoir les
empreintes, les images que l'âme ramène de ses
voyages dans le monde invisible.

Mais même si vous n'en êtes pas tout de suite
conscient, comme toutes ces grandes vérités laissent en vous une empreinte éthérique, un jour ou
l'autre, vous finirez par en prendre conscience.
Voilà pourquoi il arrive que vous receviez soudain,
comme dans un éblouissement, des révélations que
votre subconscient portait certainement déjà en
vous depuis longtemps : auparavant le moment
n'était pas venu encore d'en prendre conscience,
mais il y a eu un instant propice où le cerveau se
trouvait dans de bonnes conditions et, d'un seul
coup, la lumière a jailli en vous. Évidemment, il
faut pour cela avoir un haut idéal et un grand amour
pour les choses sublimes.

Pour la majorité des humains, qui n'ont aucune véritable aspiration spirituelle, il ne se passe rien de pareil ; non seulement la plupart du temps leur âme reste là, près du corps, paralysée, ligotée, mais même s'il lui arrive exceptionnellement de se dégager et de capter quelques bribes de connaissances, lorsqu'elle revient et tâche de les communiquer au cerveau, elle n'y arrive pas. Tant que le cerveau n'est pas suffisamment développé, affiné, les découvertes de l'âme ne le pénètrent pas ; elles se déposent uniquement sur le côté éthérique (puisque tout s'enregistre automatiquement sur le côté éthérique), mais pour arriver à pénétrer réellement la matière du cerveau, il leur faut beaucoup de temps, et quelquefois même, elles n'y arrivent pas. C'est pourquoi les grandes vérités que l'âme a déjà captées, le cerveau, tellement obtus, n'en prend souvent conscience que des années après, et même quelquefois jamais. Vous devez donc vous habituer à travailler sur la matière de votre corps physique pour la purifier, la rendre sensible, réceptive, c'est ainsi que votre âme parviendra de plus en plus facilement à enregistrer les réalités du monde divin et à les communiquer au cerveau.

Pour moi, rien n'est plus important que d'avoir une vision claire de l'univers. Mais pour l'obtenir, ce n'est pas obligatoirement les écoles ou les bibliothèques qu'il faut fréquenter, car ceux qui enseignent dans les écoles ou qui ont écrit des livres n'ont que très rarement été inspirés par les grands êtres d'en haut. Quand je lis un livre, je me demande toujours si son contenu est véridique, car je veux être instruit par ceux qui savent. Et ceux qui savent ne sont souvent plus sur la terre. Il faut les chercher et se lier à eux par l'esprit, et un jour on a des révélations, on fait des découvertes.

Il a dû vous arriver de vous réveiller le matin avec la sensation qu'un éclaircissement s'était fait dans votre conscience. Vous ne savez pas d'où cela vous vient; c'est comme si vous aviez vu, entendu, compris quelque chose, mais vous ne savez exactement ni où ni comment, vous sentez seulement que vous avez appris quelque chose de nouveau et de précieux. Ce sont des entités divines qui vous ont fait pendant la nuit des révélations. Ce qu'on enseigne dans les écoles et les universités n'est le plus souvent qu'un lointain reflet de la vérité. La véritable réalité des choses, vous ne pouvez l'apprendre qu'en haut.

C'est pourquoi, au lieu de vous précipiter sur les livres des bibliothèques, pensez que vous pouvez utiliser le sommeil pour vous instruire, en demandant aux entités de la sagesse de vous accepter dans leur École. Peut-être qu'au réveil, vous ne vous souviendrez pas de ce que vous avez vu et entendu, mais cela restera gravé en vous et un jour vous serez étonné de constater que beaucoup de choses sont en train de s'éclaircir. Il faut comprendre combien le sommeil devient un acte sacré lorsqu'on s'endort avec l'intention d'étudier dans l'autre monde, car c'est là que l'on reçoit la véritable Initiation. Aussi est-ce pendant la nuit que le disciple quitte son corps pour rejoindre son Maître ; il continue à s'instruire auprès de lui et quand il se réveille le matin, même s'il ne se souvient pas exactement de ce qu'il a ainsi vu et compris, il reste en lui la sensation de quelque chose de beau, de lumineux qui l'accompagne toute la journée.

Moi aussi, je vous parle parfois pendant la nuit, je vous explique ce que je ne peux pas encore vous révéler dans le plan physique, car vous ne le comprendriez pas. Et surtout, pour le moment vous ne sauriez qu'en faire. Tandis que maintenant, les vérités que je vous transmets par la pensée commencent à agir dans votre subconscient, et le jour où vous serez capable de les saisir et de travailler avec elles, elles se révéleront à vous.

Ce qu'un Initié ne peut pas faire pendant la journée, qui est trop courte, il peut le faire pendant la nuit. Au cours d'une journée, il ne lui est possible de recevoir qu'un tout petit nombre de personnes chez lui et encore pendant quinze ou vingt minutes au plus. Ces personnes viennent à lui accablées, tourmentées ; comment les aider en si peu de temps ? Par contre, durant la nuit, un Initié peut être en plusieurs endroits à la fois pour aider ceux qui ont besoin de lui : son corps physique est là, allongé, immobile, mais son esprit va partout pour aider et éclairer les créatures. Son esprit ne dort pas, il reste actif. Voilà la différence entre un Initié et un homme ordinaire.

Et vous aussi, vous pouvez commencer ce travail. Pensez à toutes les créatures sur la terre qui sont malheureuses, qui souffrent, qui sont dans les ténèbres. Pendant la nuit, vous aussi, vous pouvez les aider, mais à condition d'apprendre à vous préparer au sommeil. Avant de vous endormir, dites-vous : « Voilà, je vais quitter mon corps cette nuit pour aller m'instruire dans le monde invisible et essayer d'aider ceux qui en ont besoin. » N'oubliez jamais de vous endormir avec un but magnifique pour aller exécuter des travaux de l'autre côté, car c'est cette pensée qui fait tout.

Bien sûr, pour que les conseils que je vous donne soient efficaces, il faut que, pendant la journée déjà, vous ayez fait l'effort de vivre raisonnablement. Il ne suffit pas de balbutier quelques mots avant de s'endormir. Si vous avez passé la journée dans l'agitation intérieure, les émotions ou les passions, vous ne devez pas vous attendre à faire pendant le sommeil un bien grand travail. Votre âme tournera autour de votre corps sans jamais pouvoir s'éloigner de lui.

Quand vous avez des problèmes, des questions qui vous préoccupent, vous pouvez essayer de les résoudre aussi pendant le sommeil, en les inscrivant même sur une feuille de papier que vous placez sous votre oreiller. Bien sûr, un ange ne viendra pas pendant la nuit se présenter à vous pour vous donner des explications détaillées comme pourrait le faire un être humain, mais vous aurez certainement une réponse sous la forme d'une sensation, d'une pensée qui, au réveil, vous traversera l'esprit. Il faut comprendre que ces exercices que je vous donne correspondent à une connaissance du psychisme humain et de son fonctionnement. Le fait de s'endormir avec une préoccupation bien précise déclenche dans le subconscient certains mécanismes psychiques, et il y a beaucoup de chercheurs qui reconnaissent avoir trouvé pendant leur sommeil la solution de problèmes qui les préoccupaient.[2]

Le travail subconscient qui se fait pendant le sommeil peut toujours être utilisé par chacun pour la réalisation de ses projets, de ses idées. Vous voulez réaliser un désir, vous corriger d'un défaut, acquérir une qualité ? Méditez longuement et puis endormez-vous en gardant présent ce désir, cette question : ils continueront à travailler pendant votre sommeil.

J'ai fait dans ma jeunesse beaucoup d'exercices de ce genre, je suis même parvenu à me guérir de ma timidité par l'auto-suggestion. Car étant jeune, j'étais d'une timidité incroyable : je passais plusieurs fois devant un magasin avant d'oser y entrer. Je bafouillais quand je devais parler à quelqu'un que je ne connaissais pas. Lorsque mes sœurs amenaient leurs amies à la maison, je m'enfermais dans ma chambre et je ne ressortais que lorsqu'elles étaient parties… Quand j'ai compris que si je ne faisais rien, j'allais être handicapé toute ma vie par cette timidité maladive, j'ai décidé de m'en débarrasser. Comment m'y suis-je pris ? J'étais très jeune et inexpérimenté et je ne conseillerais aujourd'hui à personne la méthode que j'ai utilisée, car elle est un peu dangereuse. Je me concentrais sur un objet brillant en tâchant de me persuader que j'avais vaincu ma timidité, je me visualisais en train de faire tout ce que je n'osais pas faire dans la vie quotidienne. Je me concentrais si fort que j'arrivais à m'hypnotiser moi-même au point de m'endormir. J'ai fait plusieurs fois cette expérience et la timidité m'a quitté. C'est ainsi que je me suis guéri. Mais aujourd'hui, je ne recommencerais pas ces expériences, car elles peuvent avoir des conséquences très préjudiciables pour le système nerveux.

À condition d'apprendre à le faire raisonnablement, l'utilisation du sommeil pour la réalisation de certains projets est très bénéfique. Vous savez, par exemple, que quelqu'un ne vous aime pas et ne cherche qu'à vous nuire. Si vous ne pouvez pas aller le trouver pour vous expliquer avec lui, endormez-vous avec la pensée que vous irez le voir pendant la nuit pour lui dire : « Écoute, mon vieux, même si tu réussis à me faire du mal, qu'est-ce que tu y gagneras ? Tu te réjouiras un moment, moi je souffrirai un peu, mais cette souffrance me renforcera. Alors, c'est toi qui y perdras et tu auras en plus un karma à payer. Donc, arrête cette affaire qui n'est pas avantageuse pour toi. » En agissant ainsi, vous exercez une influence sur son subconscient et il se peut qu'il change ; mais en admettant qu'il ne change pas, c'est au moins vous qui aurez appris à faire encore un travail par la pensée.

Il y a encore tellement d'autres circonstances ou vous pouvez utiliser le sommeil pour faire un travail ! C'est à vous de les trouver, à vous de trouver comment toutes ces heures que vous êtes obligé de passer à dormir peuvent ne pas être entièrement perdues pour le travail, mais servir à d'autres activités pour lesquelles vous n'avez pas de temps dans la journée. Oui, vous voyez, le domaine de l'esprit est immense, il va jusqu'à l'infini.

Notes
1. Cf. « *Cherchez le Royaume de Dieu et sa Justice* », Partie III, chap. 1 : « Le corps, instrument de l'esprit ».
2. Cf. *La foi qui transporte les montagnes*, Coll. Izvor n° 238, chap. VI : « Retrouver le savoir enfoui ».

XVII

ABRI PHYSIQUE ET ABRIS PSYCHIQUES

Bien que ce soit le cas le plus fréquent, l'âme de l'homme ne quitte pas son corps physique uniquement pendant le sommeil. En réalité, il arrive aussi que cette séparation se produise pendant la veille, car l'âme peut quitter le corps à tout moment pour voyager, visiter des amis… Évidemment, ce phénomène est plutôt rare, très peu de personnes sont capables de se dédoubler. Pour la plupart, même quand elles dorment pendant la nuit, leur âme reste là, ligotée au corps physique ; alors à plus forte raison sont-elles incapables de quitter consciemment leur corps pendant le jour pour entreprendre des voyages dans l'espace et revenir ensuite à leurs activités quotidiennes.

Mais vous ne devez pas prendre mes paroles pour un encouragement à essayer de vous dédoubler, car si vous n'êtes pas suffisamment préparé, de grands dangers psychiques vous menacent. Si vous ne commencez pas par vous purifier et vous renforcer pour faire face à toutes les agressions du plan astral, c'est très dangereux de quitter le corps car vous le laissez sans protection, à la merci de n'importe quelle entité qui voudra s'y installer ; c'est exactement comme une maison que vous quitteriez en la laissant grand-ouverte et sans surveillance. Alors, faites attention, ne soyez pas pressé d'apprendre à vous dédoubler.

Certaines personnes m'ont raconté des expériences qu'elles ont faites alors qu'elles méditaient : elles s'étaient trouvées soudain devant quelque chose qui les avait effrayées et elles ne savaient pas ce qui leur était arrivé. C'est tout simplement qu'elles étaient sorties de leur corps et avaient été attirées dans les régions ténébreuses du plan astral où elles s'étaient senties poursuivies, menacées. Car on ne fait pas toujours dans le plan astral des rencontres rassurantes. Si une pareille aventure vous arrive pendant une méditation, sachez que la première chose à faire, c'est de rentrer dans votre corps physique pour vous mettre à l'abri. Ne cherchez pas à poursuivre l'expérience sous prétexte qu'elle est nouvelle, originale et qu'elle excite votre curiosité ; tâchez de rentrer dans votre corps le plus tôt possible.

Si vous vous préparez pendant des années, en veillant surtout à la pureté : pureté de la nourriture, des pensées, des sentiments, et en pratiquant de nombreux exercices pour vous dominer, vous maîtriser, alors peut-être qu'un jour votre âme pourra, comme elle le voudra, se détacher du corps physique et parcourir l'espace sans danger. Mais en attendant, ne vous lancez pas dans des expériences risquées, comme vous en proposent toutes sortes de livres occultes qui, sous prétexte de vous ouvrir les chemins de l'invisible, sont en réalité des livres très dangereux. Si vous voulez faire des exercices qui vous préparent à vous dédoubler un jour, je peux vous en donner un tout à fait inoffensif.

Certains jours, par exemple, où un ciel plus gris, plus brumeux vous pousse à être un peu somnolent, au lieu d'essayer de vous concentrer et de méditer – ce qui est inutile, vous n'y arriverez pas, il n'y a pas de conditions pour cela – tâchez d'arrêter votre pensée et de laisser votre âme s'étendre dans l'espace, en imaginant qu'elle va rejoindre l'Âme universelle et se fusionner avec elle. À son retour, elle vous rapportera quelques images des régions qu'elle aura contemplées. Mais n'oubliez pas que la qualité de ce que vous aurez vu dépendra de vous, de la nature et de la qualité de vos désirs, de vos sentiments, de vos pensées.

On peut dire que la nature de la vision est identique à celle du rêve. Ce n'est qu'une question de degré de conscience, l'une correspondant à l'état de veille et l'autre à l'état de sommeil. Vous vous demandez quelle confiance on peut accorder aux visions et aux rêves… Les uns et les autres reflètent le degré d'évolution de ceux qui les ont. Les rêves, les visions ont toujours un sens. Cependant, ceux qui n'ont pas su se dégager du plan astral inférieur recevront de ces régions troubles leurs visions et leurs rêves, et évidemment, on ne peut pas se fier à eux pour avoir des réponses exactes, une claire connaissance des choses. Cette connaissance ne peut s'obtenir que lorsque l'homme est parvenu à s'élever jusqu'aux plans causal, bouddhique, atmique.

En tout cas, l'idée essentielle que vous devez retenir de ce que je viens de vous dire, c'est qu'en cas de danger, il faut savoir s'échapper. Ne restez pas là où vous vous sentez menacé. Si, au cours de votre travail spirituel, vous sentez que vous faites une expérience dangereuse, fuyez, c'est la seule voie de salut, et tout dans la nature vous en donne l'exemple.

Voyez une taupe qui se promène dans le jardin : si vous la poursuivez, elle se dépêche de retourner sous la terre, car c'est là qu'elle est à l'abri. Comment sait-elle qu'elle doit se cacher dans ce trou pour vous échapper ? De même, lorsque vous poursuivez un poisson, un insecte ou n'importe quel autre animal, il s'enfuit dans un trou de rocher, dans un buisson, derrière une écorce ou sous une feuille. Les oiseaux, eux, s'échappent en s'envolant. Quant aux humains, selon les dangers qui les menacent, ils essayent de s'échapper dans une cave, sur un toit, dans un arbre ou sur l'eau… Mais ils ne courent pas seulement des dangers physiques, dans le plan psychique aussi ils sont menacés. Lorsque nous sommes poursuivis dans le monde astral, là où sont des monstres et des entités malfaisantes, nous devons rentrer rapidement dans le corps physique, autrement dit, dans notre trou, notre cave. C'est ce qui se passe lorsqu'on fait un cauchemar : on se sauve en se réveillant car, en rentrant dans son corps, on change de monde.

Il vous est certainement arrivé de faire des cauchemars et vous avez pu remarquer que le plus souvent, ils s'interrompaient tout d'un coup parce que vous vous réveilliez en sursaut, bien soulagé de vous retrouver chez vous, dans votre lit, à l'abri. Et vous vous êtes dit : « Heureusement, ce n'était qu'un rêve ! » En réalité, le véritable abri, ce n'était ni votre lit, ni votre chambre, mais votre corps physique. Et le réveil en sursaut a été provoqué par le fait que, subconsciemment, vous saviez que, pour vous défendre des êtres ou des forces hostiles du plan astral, vous deviez rentrer précipitamment dans votre corps qui est comme une forteresse où vous pouviez vous réfugier. Si vous étiez resté dans le plan astral, vous auriez continué à être à la merci des ennemis. Mais en quittant ce plan, vous êtes rentré dans votre corps physique qui est épais, solide, et vous leur avez échappé. Les esprits n'ont pas accès à tous les plans, ils sont créés pour vivre et agir dans un plan déterminé. Les entités du plan astral ne peuvent donc pas nous poursuivre partout ; si nous savons changer de plan, nous sommes sauvés, et c'est d'ailleurs cette possibilité de passer d'un plan à l'autre qui fait de l'homme un être supérieur.[1]

Un jour, vous êtes chagriné, découragé, vous avez l'impression que tout le monde est contre vous… Mais soudain vous vous endormez, c'est-à-dire vous montez dans l'autre monde, et lorsque vous vous réveillez, vous sentez que tout a changé. Que s'est-il passé ? Vous avez fui, tout simplement, et ceux qui vous poursuivaient n'ont pu vous suivre. Si on vous persécute dans le plan physique, vous pouvez vous échapper dans le plan astral, et si c'est dans le plan astral que l'on vous poursuit, vous avez toujours la possibilité de rentrer dans votre corps.

Beaucoup de souffrances vous seront épargnées si vous savez changer de région. Si vous ressentez de la tristesse, du découragement, essayez d'aller là où vous leur échapperez. Si vos tourments se trouvent dans l'intellect, allez dans le cœur. Si vous êtes poursuivi à la fois dans le cœur et dans l'intellect, montez dans l'âme. Si l'on vous poursuit aussi dans l'âme, réfugiez-vous dans l'esprit ; dans l'esprit, plus rien ne peut vous atteindre.

Note
1. Cf. *La vie psychique : éléments et structures*, Coll. Izvor n° 222, chap. X : « Le corps causal ».

XVIII

LES SOURCES DE L'INSPIRATION

Imaginons que vous devez vous adresser à un public : les meilleures conditions sont réunies, vous avez préparé votre discours, la salle est magnifique, tout est impeccable. Vous parlez, vous parlez, mais vous sentez que vous ne produisez aucun effet sur les auditeurs, il manque quelque chose, on ne sait quoi… Mais soudain, voici qu'une force, un courant vient s'emparer de vous : vous n'avez même plus besoin de lire votre papier, les idées, les mots vous arrivent naturellement, le son de votre voix et vos gestes deviennent extraordinairement expressifs, et vous soulevez votre auditoire. Eh oui, ce sont des choses qui arrivent… Et même si vous n'avez jamais eu l'occasion de parler en public, vous avez quand même pu faire la même expérience en parlant avec des amis : soudain, vous vous sentez transporté comme si vous étiez piqué par une mouche… céleste !… et vous êtes étonné vous-même de sentir combien tout devient facile ; comme si c'était un autre être que vous, un être plus sage, plus rayonnant qui s'exprimait.

Évidemment, ce sont plutôt les artistes, les comédiens, les musiciens qui vivent ce genre d'expérience. Car il ne suffit pas à un artiste, par exemple, de connaître son rôle, sa partition par cœur ; il a beau le jouer, l'exécuter impeccablement, tant qu'il n'est pas saisi par cette puissance inconnue, l'inspiration, il ne sort rien de lui, aucun rayonnement, aucun éclat, aucun parfum et le public reste froid, il n'est pas touché.

Tous ceux que l'on appelle des génies sont justement des êtres qui arrivent plus facilement, plus naturellement que les autres à se mettre sous l'influence de cette force psychique supérieure : l'inspiration. Chaque être humain possède à un degré plus ou moins grand cette capacité de recevoir l'inspiration. Ne serait-ce que pour déclarer son amour à celui ou celle qu'il aime… à moins que là ce ne soit justement le contraire, car cela arrive aussi : être perdu, bafouiller, trembler, ne plus savoir que dire, un blocage complet.

En réalité, l'homme, réduit à ses seules ressources, n'est pas tellement capable de produire des créations géniales, il faut qu'il fasse appel à une autre nature en lui, afin d'entrer en relation avec le monde de l'âme et de l'esprit d'où viennent la force, la lumière, la beauté. Il est donc important de connaître les conditions favorables à l'inspiration, conditions dans le plan physique, mais aussi dans le plan astral et dans le plan mental. Car l'inspiration ne vous visite pas par hasard.

Vous direz qu'il vous est arrivé d'avoir des inspirations dans des circonstances, des endroits ou des positions assez invraisemblables. Oui, c'est vrai, ça peut arriver. Et vous pouvez aussi réunir toutes les conditions matérielles idéales pour recevoir l'inspiration et ne rien obtenir du tout. L'inspiration ne vient pas nécessairement parce que vous serez assis en lotus, les yeux fermés au milieu de nuages d'encens. Ce ne sont pas là les conditions dont je parle. La première condition pour l'inspiration est la façon de vivre. C'est la façon de vivre qui prépare l'inspiration.

Il ne faut pas s'imaginer qu'on recevra l'inspiration si l'on se laisse aller à faire n'importe quoi, si l'on ne veille pas à la pureté de ses pensées, de ses sentiments et de ses actes. Bien sûr, l'inspiration vient comme ça, soudainement, parfois même au moment où on s'y attend le moins, mais elle ne vient que chez ceux qui, d'une façon ou d'une autre, se sont préparés à la recevoir. Rien n'arrive par hasard, ni ce qui est bon, ni ce qui est mauvais. Quelqu'un se croit en bonne santé et voilà qu'un jour il est terrassé par une crise cardiaque. Là non plus, ce n'est pas arrivé par hasard. De même qu'un pont ou une maison ne s'écroule pas par hasard, de même qu'une avalanche ne se déclenche pas par hasard, rien dans la vie ne se produit par hasard, même si aucun indice apparent ne le laissait prévoir.

Maintenant, bien sûr, il y a toutes sortes de moyens pour provoquer l'inspiration : l'alcool, la drogue… mais là, en réalité, il s'agit davantage d'excitation que d'inspiration. Quand je parle d'inspiration, j'entends uniquement des forces, des courants, des entités que, grâce à son travail, à ses aspirations élevées, l'homme a réussi à attirer à lui de très haut. Ces courants, ces entités qui se fraient le chemin à travers ses centres mentaux cherchent à s'exprimer, et c'est ainsi que sont nés tous les chefs-d'œuvre de la pensée et de l'art. Mais ce n'est ni l'alcool, ni la drogue qui attirent l'étincelle de l'inspiration.

D'ailleurs, ce n'est pas parce qu'un homme est traversé par un courant psychique très puissant qui agit magnétiquement sur un public ou un auditoire, que l'on peut dire qu'il est véritablement « inspiré », car l'essentiel, pour parler d'inspiration, c'est l'origine, le lieu où elle prend sa source. Prenons l'exemple de tout à l'heure : la parole. Ce n'est pas parce qu'un homme possède le pouvoir de galvaniser des foules et de les tenir sous son emprise qu'il est réellement inspiré au sens où les Initiés entendent l'inspiration. Combien de fois on a vu cela chez certains hommes politiques ! On ne peut pas nier qu'ils aient un don mais ce don n'est que l'extension, l'amplification de certaines forces et énergies psychiques qui sont souvent de nature très inférieure. Ce sont des sentiments ordinaires, des pensées ordinaires qui sont seulement exprimés avec plus d'intensité. C'est donc l'intensité, la quantité qui a augmenté, pas la qualité.[1] Or, la véritable inspiration sous-entend la qualité, il entre en elle des éléments plus purs, plus subtils. La véritable inspiration, c'est l'inspiration divine.

C'est pourquoi il ne faut pas non plus confondre l'inspiration avec certaines formes de délire mystique. Celui qui entre véritablement en contact avec le Ciel ne peut que recevoir des courants de lumière, d'harmonie, de paix. Tous ceux qui se prétendent inspirés par le Ciel et qui gesticulent dans tous les sens en roulant les yeux et en tenant des discours excessifs ou incohérents, ou bien qui restent figés pendant des heures dans une posture qui imite l'extase, sont des déséquilibrés, des malades. Même s'ils parlent du Ciel, du Saint-Esprit, des anges, des archanges, en réalité ils sont malades, cela se voit ensuite dans toutes leurs façons d'agir. Ils croyaient entrer en communication avec le monde divin, alors qu'en fait, par manque de discipline, par manque de travail intérieur, ils n'ont réussi à se lier qu'aux régions souterraines du plan astral : de là ils ont reçu, bien sûr, des messages et des ordres, mais des messages et des ordres dont ils feraient mieux de se méfier.

Platon, lui aussi, s'est penché sur ces problèmes
de l'inspiration quand il a parlé des quatre formes
de « manie » ou « délire ». Ce sont : le délire pro-
phétique comme celui de la Pythie de Delphes, des
sibylles… Quand elles sont dans leur état ordinaire,
elles ne savent rien, elles ne peuvent rien dire. Mais
quand le dieu s'empare d'elles, elles prophétisent
et donnent des avertissements. Le délire théra-
peutique qui permet de trouver quels sont les rites
de purification et les prières qui délivrent des maladies et des malheurs, aussi bien personnels que col-
lectifs. Le délire créateur par lequel les Muses inspirent les musiciens, les poètes et tous les artistes
en général. Enfin, le délire d'amour, inspiré par
la vision de la beauté sur un visage ou un corps
parfait. Bien sûr, il faut comprendre que ces mots
« manie » ou « délire » n'ont pas chez Platon le
sens qu'on leur donne aujourd'hui. On a quelquefois l'occasion dans la vie quotidienne de rencontrer des gens qui ont des manies ou qui délirent,
mais malheureusement pas dans le sens de Platon !

Pour qu'on puisse véritablement dire de quelqu'un qu'il est inspiré, il faut qu'il ait pu développer ses corps supérieurs afin d'entrer en relation avec les courants et les entités du plan causal,
du plan bouddhique et du plan atmique.

Dans une autre conférence, je vous ai expliqué
que ceux qui se sont élevés jusqu'au plan causal
sont les génies ; ceux qui se sont élevés jusqu'au

plan bouddhique, les saints ; et enfin, ceux qui sont parvenus au sommet, c'est-à-dire jusqu'au plan atmique, sont les grands Maîtres.

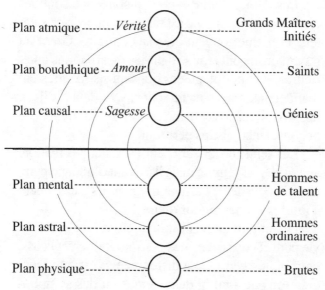

Un génie est donc un être qui est parvenu à atteindre le plan causal, c'est-à-dire le plan mental supérieur, et selon les dispositions qui sont en lui, il reçoit de cette région des éléments qui lui permettent de faire des découvertes dans le domaine de la science, de la pensée, ou de devenir créateur dans le domaine de l'art. Le saint est un être qui s'est élevé jusqu'au plan bouddhique, il communie avec l'amour de Dieu et sait le manifester autour de lui. Quant aux grands Maîtres qui sont allés encore plus loin que les génies et les saints, ils sont parvenus à se fondre dans la conscience divine, et là ils reçoivent la connaissance et les pouvoirs suprêmes.

Les génies sont des êtres inspirés, ce sont des créateurs, mais leur vie est rarement une vie de sainteté, et même souvent bien au contraire. Grâce au travail qu'ils ont réalisé dans les incarnations antérieures, ils ont obtenu ces dons qu'ils manifestent maintenant, mais s'ils ne sont pas vigilants, s'ils se laissent aller à vivre dans les régions inférieures de la conscience, ils les perdront.

Les saints ne laissent peut-être aucune création, aucun chef-d'œuvre, mais ils vivent d'une vie pure, une vie nourrie de l'amour divin qu'ils parviennent à faire rayonner autour d'eux.

Quant aux grands Maîtres, ils vivent la même vie pure et consacrée que les saints et ils créent aussi comme les génies. La différence, c'est que leurs créations ne sont ni des poèmes, ni des symphonies, ni des tableaux ; ce qu'ils veulent créer, c'est une nouvelle humanité et en travaillant patiemment, inlassablement sur le cœur, l'intellect, l'âme et l'esprit des humains, ils leur permettent de progresser peu à peu sur le chemin de l'évolution.[2]

Notes
1. Cf. *Vie et travail à l'École divine*, Œuvres complètes, t. 30, chap. VI-III : « Matière et lumière ».
2. Cf. *Boire l'élixir de la vie immortelle*, Fascicule n° 5.

XIX

PRÉFÉRER LA SENSATION À LA VISION

Peu de gens sont conscients des dangers qu'ils courent à vouloir développer des facultés de clairvoyance. Ils se jettent là aveuglément parce que c'est nouveau, original. Oui, c'est tellement intéressant de s'aventurer dans un domaine qui est fermé pour la majorité des humains, afin de voir ce que les autres ne voient pas ! Malheureusement pour ces imprudents, ils n'auront pas beaucoup à chercher pour trouver toutes sortes de gens et de livres qui leur donneront les moyens de satisfaire leur curiosité.

C'est vrai, on ne peut pas le nier, il existe beaucoup de méthodes pour développer la clairvoyance, mais ce n'est pas une raison pour vouloir les appliquer sans discernement. Certains, par exemple, veulent apprendre à se dédoubler, mais ils ne savent pas que, s'ils ne sont pas préparés, pendant qu'ils seront hors de leur corps, d'autres esprits vont entrer en eux et prendre possession de leur être ; ils ne seront plus maîtres chez eux et il s'ensuivra toutes sortes de complications et de troubles.

D'autres veulent travailler sur les chakras, en faisant des exercices de concentration et de respiration prolongés. Bien sûr, ces exercices donnent des résultats, mais quels résultats ? Si vous voulez éveiller vos chakras sans avoir fait des études et un travail préalables, cela va se retourner contre vous. C'est exactement comme de confier des allumettes à un enfant, que va-t-il en faire ? Un incendie. Eh bien, il faut savoir que la force Kundalini, que l'on doit mettre en activité pour éveiller les chakras, est un véritable feu, et que celui qui n'a pas préalablement travaillé sur la pureté et la maîtrise, risque de voir le feu de Kundalini se déchaîner et tout dévaster en lui. Tandis que celui qui commence par travailler sur la pureté, la maîtrise, travaille aussi indirectement sur ses chakras, qui s'éveillent et se mettent à fonctionner sans danger pour lui.[1]

Le chemin que je vous indique est toujours le meilleur et le plus sûr. Si, malgré les arguments que je ne cesse de vous présenter, vous voulez en suivre un autre, allez-y, mais après, tant pis pour vous : vous verrez bien si, sans avoir appris à dominer vos convoitises et vos tendances inférieures, vous allez véritablement faire un travail sur vos chakras et développer Ajna chakra qui est le centre de la clairvoyance ! Vous obtiendrez peut-être une certaine clairvoyance, mais c'est l'enfer que vous verrez.

Lorsqu'un clairvoyant regarde autour de lui, que croyez-vous qu'il commence par voir ? Le Ciel, les anges ? Malheureusement non. Il voit la cupidité, la convoitise des humains, les projets criminels qu'ils ont dans la tête, les haines qu'ils ont dans le cœur, les dangers qui les guettent, et c'est épouvantable d'avoir tout le temps sous les yeux des choses pareilles. Souvent les clair- voyants sont les êtres les plus malheureux. Combien poussent des cris et disent : « Seigneur, délivre-moi de ce don que Tu m'as fait, car je ne vois partout que des choses horribles, je souffre trop. »

Et vous, que croyez-vous que vous allez faire ? Pensez-vous que vous pourrez résister ? Non, si vous avez réussi à développer la clairvoyance sans avoir au moins développé en vous l'amour, la bonté, la force, la maîtrise, vous allez regretter le temps où vous ne voyiez rien, car même si vous viviez dans les illusions, c'était mille fois préfé- rable. Au contraire, si vous avez vaincu beaucoup de faiblesses en vous, si vous vous êtes préparé, purifié, si vous savez vous dominer et que vous ayez beaucoup d'amour pour les humains, quand vous devrez voir le mal (car il est impossible de ne pas le voir), grâce à votre amour, à votre courage, à votre maîtrise, vous ne tremblerez pas, vous ne serez ni effrayé ni désespéré, et vous pourrez même envoyer de l'aide par la pensée.

Ne soyez pas pressé de devenir clairvoyant, parce que vous courez vers de grands chagrins et même un grand dégoût de vivre parmi les humains. Ce n'est donc pas tellement souhaitable. Comme il n'est pas souhaitable non plus d'avoir un odorat très développé ; et heureusement que c'est chez l'homme un des sens les plus rudimentaires, sinon les gens ne pourraient plus se supporter mutuellement tant ils propagent d'odeurs nauséabondes à cause de leur façon tellement défectueuse de se nourrir, de vivre et de penser.

Tant que l'on n'est pas préparé à dominer son dégoût ou ses frayeurs, il ne faut pas chercher à voir. Et d'ailleurs, on se demande pourquoi certains veulent tellement « voir », comme si c'était cela le sommet de la vie spirituelle. Voir les gains d'argent, les faillites, les futurs mariages, les divorces, les ennemis, les amis, les maladies, qu'y a-t-il là de tellement extraordinaire ? C'est toujours les mêmes faiblesses humaines, pourquoi développer d'autres facultés pour voir ça ? Vous ne trouvez pas qu'on voit assez de choses de ce genre avec ses seuls yeux physiques, non ? Combien de fois on est fatigué, écœuré de tout ce qu'on a sous les yeux. Alors, pourquoi vouloir en voir davantage pour finir par être écrasé, malade ? Est-ce intelligent ? Voir… voir… mais voir quoi ? C'est là la question. Dites-vous bien que la clairvoyance vous empêchera d'évoluer si vous l'avez développée avant le terme, c'est-à-dire avant d'avoir développé les qualités qui vous permettront de faire quelque chose d'utile avec ce que vous voyez. Il ne suffit pas de voir, il faut être capable de saisir et de comprendre ce que vous découvrira le Ciel, mais aussi d'affronter et de supporter les visions de l'enfer.

Moi, il y a longtemps que j'ai compris que développer la clairvoyance ne m'apporterait pas grand-chose, au contraire, et je n'ai rien fait pour la développer. C'est pourquoi je ne vois rien, mais je sens ; les couleurs, les courants, les entités, je ne les vois pas, mais je les sens. Je préfère ne rien essayer de voir, mais travailler chaque jour à sentir le Ciel, chaque jour sentir la présence de quelque chose de beau, d'intense.

Il existe une faculté plus puissante que la vision, c'est la sensation. Oui, car la seule véritable réalité pour l'homme, c'est ce qu'il sent ; le reste, la réalité extérieure, Dieu sait seulement si c'est une réalité pour lui ! Si quelqu'un souffre parce qu'il se croit persécuté, poursuivi, allez lui dire que c'est une illusion ! Même si personne ne le persécute, sa sensation à lui d'être persécuté n'est pas une illusion. Et quand, au milieu des pires conditions, il arrive que certains êtres vivent des extases, des illuminations, là aussi, comment les persuader que ce n'est pas vrai ? La souffrance ou la joie que l'homme éprouve sont peut-être les seules choses dont il ne doute pas. Il peut douter de ce qu'il voit, de ce qu'il entend, de ce qu'il touche, mais ce qu'il ressent, il ne peut pas en douter. Quoi qu'il fasse, cette sensation intérieure sera toujours pour lui plus importante que la vision. Grâce à la sensation, il est au cœur des choses, il les touche, il les vit.

Combien y a-t-il de gens qui, devant ce qu'ils voient, ne sentent rien ! Ils voient un lever de soleil, qui est l'un des plus beaux spectacles de la nature, et ils ne ressentent rien. À quoi cela leur sert-il alors de le voir ? À quoi cela vous servira-t-il de voir le Ciel ouvert devant vous, si vous ne sentez rien de toute cette splendeur ? Tandis que, si vous sentez le Ciel, c'est comme s'il était en vous et vous n'avez plus besoin de le voir. Il est donc plus important d'éduquer la sensibilité au monde divin que de développer la clairvoyance.[2] Quand vous sentez le Ciel, quand vous sentez la paix, quand vous sentez la joie, la pureté, c'est la plus grande réalité. Alors, que demandez-vous de plus ?

Il faut comprendre : tout ce que nous voyons, tout ce que nous touchons et croyons avoir près de nous se trouve déjà loin de nous. Seul ce qui est en nous est proche de nous. C'est pourquoi la vraie clairvoyance est dans la sensation intérieure, profonde, et non dans la vision de quelque chose d'extérieur à nous.

Croyez-moi, je ne suis pas là pour vous empêcher de vous développer dans tous les domaines, d'obtenir la clairvoyance, le pouvoir de guérir, de prophétiser, de commander aux éléments ou même de transformer le plomb en or, si vous en êtes capable. Je ne suis pas contre. Je travaille justement pour que vous alliez aussi loin que possible dans l'évolution, mais pas comme vous le souhaitez ou l'entendez, pas comme vous l'avez lu dans certains ouvrages anciens ou récents qui sont très dangereux. Je sais que la philosophie que je vous apporte ne sera ni agréable ni appétissante pour vous, mais si vous la prenez au sérieux et l'appliquez, les résultats seront divins. Voilà ce que vous n'arrivez pas encore à comprendre. Parce que vous êtes poussé à aimer un tas de choses, sauf ce qui est essentiel. Or, l'essentiel, c'est d'apprendre à vivre. Ce n'est qu'ensuite qu'on peut se permettre de développer telle ou telle faculté, de devenir guérisseur, clairvoyant, astrologue, kabbaliste, alchimiste, etc. Tant que la question de la vie, « comment vivre », n'est pas réglée, quoi que vous fassiez, vous êtes exposé à tous les dangers.

Maintenant, avant de terminer, je voudrais encore vous dire ceci. La clairvoyance est un don que certains êtres peuvent recevoir comme d'autres reçoivent un don pour la musique ou les mathématiques. Alors, si vous avez reçu ce don, tâchez de le protéger, afin qu'il puisse vous servir à vous rapprocher toujours du Ciel. Pour le protéger, vous devez sans cesse travailler sur la pureté : pureté dans les pensées, dans les sentiments, dans les actes.[3]

Mais ce n'est pas tout, pour le protéger, il est préférable aussi d'en parler le moins possible autour de vous. S'il vous est donné cette grâce d'entrer en contact avec le monde divin, de communier avec les entités lumineuses ou même de les voir, ne le racontez pas. D'abord il y a un danger qu'on vous comprenne mal et que certains vous classent même parmi les insensés. Vivez cette vie divine et ne dites rien. Pourquoi aller raconter tout cela ? Profitez de ces bénédictions, distribuez autour de vous tout ce qui déborde, mais sans que personne sache d'où cela vient.

L'autre raison de ne pas en parler, c'est que du jour où les gens savent qu'un être possède un don de clairvoyance, ils ne peuvent faire autrement que de l'assaillir par des demandes de toutes sortes, les plus prosaïques ou même les plus criminelles. Oui, des hommes, des femmes qui voudront savoir s'ils vont devenir député ou ministre, si leur mari ou leur femme les trompe, s'ils doivent changer de pays pour gagner plus d'argent, s'ils seront rapidement débarrassés d'un rival ou d'une rivale, si la mort d'un parent les mettra enfin en possession d'un riche héritage, etc., etc. Alors, vous, qu'allez-vous devenir au milieu de tout ça ? Quand les uns et les autres vous auront sans cesse ramené au niveau de leurs préoccupations les plus ordinaires, est-ce que vous croyez que vous pourrez souvent vous arracher de là pour goûter le Ciel ? Malheureusement non, et vous allez perdre votre lumière, votre inspiration, tout ce qui donnait un sens à votre vie. Donc il faut protéger cette faculté qui est un don du Ciel, et dans le silence vous pourrez aider les autres bien davantage qu'en leur faisant toutes sortes de révélations sur leurs succès, leur amours ou leurs héritages.

Il est temps que les humains comprennent ce qu'est réellement une École initiatique. Beaucoup trop encore s'imaginent que c'est là qu'ils vont obtenir la clairvoyance, les pouvoirs magiques et toutes sortes de facultés fantastiques qui leur permettront de satisfaire leurs désirs et leurs ambitions. Non, la véritable raison d'être d'une École initiatique est d'entraîner les humains dans un travail incessant pour la réalisation du Royaume de Dieu sur la terre, c'est-à-dire la fraternité parmi les humains. Pour entreprendre ce travail, vous n'avez pas besoin d'être clairvoyant ni de posséder des pouvoirs exceptionnels : vous avez seulement besoin de devenir plus sage, plus pur, plus généreux, plus désintéressé et plus maître de vous.

Notes

1. Cf. *Centres et corps subtils*, Coll. Izvor n° 219, chap. V : « La force Kundalini », et chap. VI : « Les chakras »
2. Cf. *« Vous êtes des dieux »*, Partie II, chap. 6 : « La sensibilité au monde divin ».
3. Cf. *Les mystères de Iésod – les fondements de la vie spirituelle*, Œuvres complètes, t. 7.

RÉFÉRENCES BIBLIQUES

« Aie pitié de nous, Seigneur » – *Matt. 9 : 27, p. 88.*

« Bienheureux les cœurs purs » – *Matt. 5 : 8, p. 129.*

Dieu parle à Moïse – *Exode 3 : 4, etc.,*
et Lévitique, Nombres, Deutéronome, p. 130.

« Je suis la lumière du monde », – *Jean 8 : 12, p. 103.*

Qu'il soit sur la terre comme au ciel – *Matt. 6 : 10, p. 123.*

« Que la lumière soit ! » – *Gen. 1 : 3, p. 101.*

« Rien n'a été fait sans lui » – *Jean 1 : 3, p. 103.*

« Si ton œil est pur… » – *Matt. 6 : 22, p. 122.*

« Soyez vigilants, parce que le Diable… » –
I Pierre 5 : 8, p. 20.

« Veillez et priez » – *Matt. 26 : 41, p. 20, p. 165.*

TABLE DES MATIÈRES

209 – Noël et Pâques dans la tradition initiatique

Par son appartenance au cosmos, l'homme participe intimement aux processus de gestation et d'éclosion qui se déroulent dans la nature. Noël et Pâques, la deuxième naissance et la résurrection, ne sont en réalité que deux façons différentes de présenter sa régénération, son entrée dans le monde spirituel.

210 – L'arbre de la connaissance du bien et du mal

Les véritables réponses à la question du mal ne sont pas des explications, mais des méthodes. Le mal est une réalité intérieure et extérieure à laquelle nous sommes quotidiennement confrontés et sur laquelle nous devons apprendre à agir.

211 – La liberté, victoire de l'esprit

L'homme est un esprit, une étincelle jaillie du sein de l'Eternel. Le jour où il aura compris, vu et senti cette vérité, il sera libre.

212 - La lumière, esprit vivant

Substance vivante de l'univers, la lumière est pour nous une protection, une nourriture, un instrument de connaissance, mais surtout le seul moyen véritablement efficace pour nous transformer.

213 – Nature humaine et nature divine

L'être humain est cet être ambigu que l'évolution a placé aux frontières du monde animal et du monde divin. Sa nature est donc double, et c'est de cette ambivalence qu'il importe qu'il prenne conscience pour la surmonter.

214 – La galvanoplastie spirituelle et l'avenir de l'humanité

Du haut en bas de l'univers, les deux principes masculin et féminin reproduisent l'activité des deux grands principes cosmiques créateurs que l'on appelle le Père Céleste et la Mère Divine. Ces deux principes fondamentaux se reflètent dans toutes les manifestations de la nature et de la vie. La galvanoplastie spirituelle est une application dans la vie intérieure de la science des deux principes.

215 – Le véritable enseignement du Christ

« Notre Père, qui es aux cieux », dans cette prière que l'on appelle aussi « la Prière dominicale », Jésus a mis une science très ancienne qui existait bien avant lui et qu'il avait reçue de la Tradition. C'est tout un univers qui se révèle à celui qui sait interpréter chacune des demandes formulées par Jésus dans cette prière.

216 – Les secrets du livre de la nature

Tout est vivant dans l'univers, et c'est à nous de savoir comment travailler, comment entretenir une relation consciente avec la création pour que cette vie vienne jusqu'à nous.

217 – Nouvelle lumière sur les Évangiles

Interprétation de paraboles et de récits évangéliques considérés comme autant de situations et d'événements concernant notre vie intérieure.

218 – Le langage des figures géométriques

Cercle, triangle, pentagramme, pyramide, croix, etc. Chaque figure géométrique est comme une structure à partir de laquelle s'organise le macrocosme (l'univers) et le microcosme (l'être humain).

219 – Centres et corps subtils

Quel que soit le degré d'affinement qu'ils puissent atteindre, nos cinq sens resteront toujours limités, ils n'exploreront jamais que le plan physique. Pour éprouver des sensations plus riches, plus subtiles, il faut s'adresser à d'autres organes, d'autres centres subtils que nous possédons aussi : l'aura, le plexus solaire, le centre Hara, les chakras...

220 – Le zodiaque, clé de l'homme et de l'univers

Tout être conscient de son appartenance à l'univers sent s'imposer à lui la nécessité du travail intérieur à accomplir afin de retrouver en lui-même la plénitude de l'ordre cosmique dont le cercle du zodiaque est le parfait symbole.

221 – Le travail alchimique ou la quête de la perfection

Nous ne devons pas lutter contre nos faiblesses et nos vices, car c'est eux qui nous terrasseront, mais apprendre à les mettre au travail. On trouve normal d'exploiter les forces brutes de la nature, alors pourquoi s'étonner quand un Maître, un Initié parle d'utiliser les énergies primitives qui sont en nous ?... C'est cela véritablement l'alchimie spirituelle.

222 – La vie psychique : éléments et structures

« Connais-toi toi-même... » Cette formule qui était inscrite au fronton du temple de Delphes, comment l'interpréter ? Se connaître, c'est devenir conscient des différents corps dont nous sommes faits, des plus épais aux plus subtils, des principes qui animent ces corps, des besoins qu'ils nous font éprouver et des états de conscience qui leur correspondent.

223 – Création artistique et création spirituelle

Chaque être a besoin de créer, mais la véritable création fait appel à des éléments de nature spirituelle. Ainsi, l'artiste, comme le spiritualiste, doit se dépasser, se surpasser afin de capter des éléments dans les régions supérieures.

224 – Puissances de la pensée

La pensée est une puissance, un instrument que Dieu a donné à l'homme pour qu'il puisse devenir créateur comme Lui, c'est-à-dire créateur dans la beauté, dans la perfection. Aussi doit-il être extrêmement vigilant et chercher sans cesse si ce qu'il fait avec sa pensée est vraiment bon pour lui et pour le monde entier. C'est de cela seulement qu'il doit s'occuper.

225 – Harmonie et santé

La maladie est le résultat d'un désordre physique ou psychique. La meilleure arme contre la maladie est donc l'harmonie : jour et nuit, penser à se mettre en accord, en consonance avec la vie toute entière, la vie illimitée, la vie cosmique.

226 – Le Livre de la Magie divine

La véritable magie, la magie divine, consiste à ne jamais utiliser pour soi, dans son propre intérêt, les facultés, les connaissances, les pouvoirs qu'on a réussi à acquérir, mais seulement pour la réalisation du Royaume de Dieu sur la terre.

227 – Règles d'or pour la vie quotidienne

Pourquoi gaspiller sa vie en courant après des acquisitions qui ne sont pas aussi importantes que la vie elle-même ? Celui qui apprend à donner la première place à la vie, à la protéger, à la conserver dans la plus grande intégrité aura de plus en plus de possibilités d'obtenir ce qu'il souhaite. Car c'est justement cette vie éclairée, illuminée qui peut tout lui donner.

228 – Regards sur l'invisible

La méditation, la vision médiumnique, le dédoublement, le rêve nous donnent accès au monde invisible, mais la qualité des révélations que nous recevrons dépend des efforts que nous aurons faits pour nous élever et affiner nos perceptions.

229 – La voie du silence

Toutes les pratiques que l'on observe dans un enseignement spirituel, la méditation, la prière n'ont qu'un unique but : réduire la place de la nature inférieure pour donner à la nature divine des possibilités de plus en plus grandes de s'exprimer. C'est à ce moment-là seulement que l'homme goûte le vrai silence.

230 – Approche de la Cité céleste

Commentaires du Livre de l'Apocalypse. Si ce livre est si difficile à interpréter, c'est parce qu'on cherche à y reconnaître des personnages, des pays ou des événements historiques, au lieu de n'y voir que l'essentiel, c'est-à-dire la description d'éléments et de processus de la vie intérieure de l'homme en relation avec la vie cosmique.

231 – Les semences du bonheur

Le bonheur est comme un don qu'on doit cultiver. Celui qui veut le bonheur doit partir à la recherche des éléments qui lui permettront de l'alimenter en lui. Ces éléments appartiennent au monde divin.

232 – Les révélations du feu et de l'eau

Chaque jour, notre vie psychique est modelée par les forces que nous laissons nous habiter, les influences dont nous acceptons l'imprégnation. Et quoi de plus plus poétique, de plus rempli de sens que l'eau et le feu, ainsi que les différentes formes sous lesquelles ils nous apparaissent ?

233 – Un avenir pour la jeunesse

La jeunesse est pleine de vie, d'élans et d'aspirations de toutes sortes. La question est seulement de savoir comment l'aider à canaliser cet extraordinaire bouillonnement d'énergies qui débordent en elle.

234 – La vérité, fruit de la sagesse et de l'amour

« A chacun sa vérité », dit le proverbe, et c'est au nom de leur « vérité » particulière que les humains ne cessent de s'affronter. Seuls ceux qui possèdent le véritable amour et la véritable sagesse découvrent la même vérité, et ils parlent tous le même langage.

235 – « En esprit et en vérité »

Puisque nous sommes sur la terre, nous sommes obligés de donner à nos croyances des formes matérielles : des lieux, des objets de culte, des rites, des prières, des cérémonies qui sont l'expression de nos croyances. Or, justement, il faut comprendre qu'elles n'en sont qu'une expression plus ou moins véridique, elles ne sont pas la religion elle-même qui doit être «esprit et vérité».

236 – De l'homme à Dieu: Séphiroth et Hiérarchies angéliques

Dieu est comparable à une électicité pure qui ne peut descendre jusqu'à nous qu'à travers une série de transformateurs. Ces transformateurs, ce sont les innombrables entités lumineuses qui peuplent les Cieux et que la tradition a appelées hiérarchies angéliques. C'est par elles que nous recevons la vie divine, et c'est par elles que nous parvenons à entrer en relation avec Dieu.

237 – La Balance cosmique – Le nombre 2

Par son symbolisme, la Balance du zodiaque est un reflet de la Balance cosmique, cet équilibre des deux principes opposés mais complémentaires, les principes masculin et féminin, grâce auxquels l'univers est apparu et continue à exister. Le symbole de la Balance, expression de la dualité, domine toute la création.

238 – La foi qui transporte les montagnes

La foi est la conséquence d'un savoir immémorial enfoui dans notre subconscient, elle est fondée sur l'expérience du monde divin, une expérience qui a laissé en chaque être des traces indélébiles et qu'il lui appartient de ranimer et de vivifier.

239 – L'amour plus grand que la foi

Tant qu'on n'a pas compris ce qu'est la foi véritable, il ne peut pas y avoir d'amour; et inversement, tant qu'on ne sait pas manifester l'amour, on ne peut pas prétendre avoir la foi.

240 – Qu'est-ce qu'un fils de Dieu ?

En présentant Jésus comme fils unique de Dieu, le christianisme a créé artificiellement un fossé infranchissable entre les hommes et lui. En réalité, si Jésus peut nous être proposé comme un modèle à imiter, le modèle le plus sublime, c'est parce qu'il n'est pas par essence un être différent de nous : il est fils de Dieu exactement comme nous sommes tous fils et filles de Dieu ; la seule différence est dans le travail réalisé pour répondre à cette prédestination.

241 – La pierre philosophale
des Évangiles aux traités alchimiques

Le travail alchimique est un travail de régénération et, sous différentes formes, toutes les religions mentionnent ce travail. La tradition chrétienne le présente comme la transformation du vieil Adam en Christ, l'homme nouveau, celui qui est parvenu à acquérir, symboliquement, les précieuses qualités de l'or.

Éditeur-Distributeur

Éditions PROSVETA S.A. - B.P. 12 - F - 83601 Fréjus CEDEX (France)
Tél. (33) 04 94 19 33 33 - Fax (33) 04 94 19 33 34
E-mail: international@prosveta.com
Site internet : http://www.prosveta.com

Distributeurs

ALLEMAGNE
PROSVETA Deutschland – Heerstrasse 55 – 78628 Rottweil
Tél. (49) 741-46551 – Fax. (49) 741-46552 – e-mail: prosveta.de@t-online.de

AUSTRALASIE
SURYOMA LTD - P.O. Box 2218 – Bowral – N.S.W. 2576 Australie
e-mail: info@suryoma.com – Tél. (61) 2 4872 3999 – Fax. (61) 2 4872 4022

AUTRICHE
HARMONIEQUELL VERSAND – A- 5302 Henndorf am Wallersee, Hof 37
Tél. / Fax. (43) 6214 7413 – e-mail: info@prosveta.at

BELGIQUE & LUXEMBOURG
PROSVETA BENELUX – Liersesteenweg 154 B-2547 Lint
Tel (32) 3/455 41 75 – Fax (32) 3/454 24 25 – e-mail: prosveta@skynet.be
N.V. MAKLU Somersstraat 13-15 – B-2000 Antwerpen
Tel. (32) 3/231 29 00 – Fax (32) 3/233 26 59
VANDER S.A. – Av. des Volontaires 321 – B-1150 Bruxelles
Tél. (32)(0)2 732 35 32 – Fax. (32) (0)2 732 42 74 – e-mail: g.i.a@wol.be

BULGARIE
SVETOGLED – Bd Saborny 16 A, appt 11 – 9000 Varna
e-mail: svetgled@revolta.com – Tél. / Fax. (359) 52 23 98 02

CANADA – ÉTATS-UNIS
PROSVETA Inc. – 3950, Albert Mines – North Hatley (Qc), J0B 2C0
Tél. (819) 564-8212 – Fax. (819) 564-1823
in Canada, call toll free: 1-800-854-8212
e-mail: prosveta@prosveta-canada.com / www.prosveta-canada.com

CHYPRE
THE SOLAR CIVILISATION BOOKSHOP – BOOKBINDING
73 D Kallipoleos Avenue - Lycavitos – P. O. Box 24947, 1355 – Nicosia
e-mail: cypapach@cytanet.com.cy – Tél. / Fax. 00357-22-377503

COLOMBIE
PROSVETA – Calle 149 N° 24 B - 20 – Bogotá
Tél. (57) 1 614 88 28 – Fax. (57) 1 633 58 03 – Mobile (57) 310 2 35 74 55
e-mail: kalagiya@tutopia.com

ESPAGNE
ASOCIACIÓN PROSVETA ESPAÑOLA – C/ Ausias March n° 23 Ático
SP-08010 Barcelona - Tél. (34) (93) 412 31 85 - Fax. (34) (93) 318 89 01
e-mail: aprosveta@prosveta.es

GRANDE-BRETAGNE – IRLANDE
PROSVETA – The Doves Nest, Duddleswell Uckfield, – East Sussex TN 22 3JJ
Tél. (44) (01825) 712988 - Fax. (44) (01825) 713386
e-mail: prosveta@pavilion.co.uk

GRÈCE
RAOMRON – D. RAGOUSSIS
3, rue A. Papamdreou – C.P. 16675 – Glifada - Athènes
Tél. / Fax.: (010) 9681127 – e-mail: raomron@hol.gr

HAÏTI

PROSVETA – DÉPÔT – B.P. 115, Jacmel, Haïti (W.I.)
Tél./ Fax. (509) 288-3319
e-mail: haiti@prosveta.com

ISRAËL

Zohar, P. B. 1046, Netanya 42110
e-mail: zohar7@012.net.il

ITALIE

PROSVETA Coop. a r.l. – Casella Postale 55 – 06068 Tavernelle (PG)
Tél. (39) 075-835 84 98 – Fax. (39) 075-835 97 12
e-mail: prosveta@tin.it

LIBAN

PROSVETA LIBAN – P.O. Box 90-995
Jdeidet-el-Metn, Beyrouth – Tél. (03) 448560
e-mail: prosveta_lb@terra.net.lb

NORVÈGE

PROSVETA NORDEN – Postboks 5101 – 1503 Moss
Tél. (47) 69 26 51 40 – Fax. (47) 69 25 06 76
e-mail: prosnor@online.no

PAYS-BAS

STICHTING PROSVETA NEDERLAND
Zeestraat 50 – 2042 LC Zandvoort
Tél. (31) 33 25 345 75 – Fax. (31) 33 25 803 20
e-mail: prosveta@worldonline.nl

PORTUGAL & BRÉSIL

EDIÇÕES PROSVETA
Rua Passos Manuel, n° 20 – 3e E, P 1150 – 260 Lisboa
Tél. (351) (21) 354 07 64 – Fax. (351) (21) 798 60 31
e-mail: prosvetapt@hotmail.com
PUBLICAÇÕES EUROPA-AMERICA Ltd
Est Lisboa-Sintra KM 14 – 2726 Mem Martins Codex

RÉPUBLIQUE TCHÈQUE

PROSVETA – Ant. Sovy 18, – Ceské Budejovice 370 05
Tél. / Fax. (420) 38-53 10 227 – e-mail: prosveta@iol.cz

ROUMANIE

ANTAR – Str. N. Constantinescu 10 - Bloc 16A - sc A - Apt. 9,
Sector 1 – 71253 Bucarest
Tél. 004021-231 28 78 - Tél./ Fax. 004021-231 37 19
e-mail: antared@pcnet.ro

RUSSIE

EDITIONS PROSVETA
143 964 Moskovskaya oblast, g. Reutov – 4, post/box 4
Tél./ Fax. (095) 525 18 17 – Tél. (095) 795 70 74
e-mail: prosveta@online.ru

SUISSE

PROSVETA Société Coopérative
CH - 1808 Les Monts-de-Corsier
Tél. (41) 21 921 92 18 – Fax. (41) 21 922 92 04
e-mail: prosveta@swissonline.ch

VENEZUELA

PROSVETA VENEZUELA C. A. – Calle Madrid
Edificio La Trinidad – Las Mercedes – Caracas D.F.
Tél. (58) 414 22 36 748 – e-mail: betty_mramirez@hotmail.com

L'association Fraternité Blanche Universelle
a pour but l'étude et l'application de l'Enseignement
du Maître Omraam Mikhaël Aïvanhov édité et diffusé
par les Éditions Prosveta

Pour tout renseignement sur l'Association, s'adresser à:
Secrétariat F.B.U.
2 rue du Belvédère de la Ronce
F - 92310 SÈVRES, FRANCE
Tel. (33) 01 45 34 08 85 – Fax (33) 01 46 23 09 26
E-mail: fbu@fbu.org – Site internet - http://www.fbu.org

Achevé d'imprimer en mars 2004
par DUMAS-TITOULET Imprimeurs
42004 Saint-Etienne – France
N° d'impression : 40171E

Dépôt légal : mars 2004
1er dépôt légal dans la même collection : 1988